鬼塚英昭

Hideaki Onizuka

だから今も日本は侮られる

田中角栄こそが対中売国者である

〈佐藤慎一郎・総理秘密報告書〉を読み解く

SEIKO SHOBO

【もくじ】田中角栄こそが対中売国者である

【第3章】「日中国交正常化」交渉の奇々怪々

【第4章】対中借款リベート「三百億円」の亡霊

【第7章】 田中角栄と娘・真紀子の媚中事情

【終章】 終わりなき対中援助に怒りを込めて

引用文中の〔　〕内は著者による注記です。尚、敬称を略しましたことをお断りいたします。

装幀……………フロッグキングスタジオ

【第1章】

角栄に戦いを挑んだ中国学者

佐藤慎一郎が見通した中国の秘密の壁

この本は、田中角栄元首相が日本と中国の間の国交を正常化したことについての物語である。田中角栄は一九七二（昭和四十七）年七月七日に総理大臣となった。そして同年九月二十五日、日本航空特別機ＪＡ８０１９便、ＤＣ８型機で北京空港に到着した。

そして、六日間の交渉の後、田中角栄は北京で周恩来首相との間に、日中共同声明を発表し、日中国交正常化がなった。この件は後に詳述することにするが、この田中首相の訪中に猛烈に反対した一人の学者がいた。彼の名は拓殖大学教授・佐藤慎一郎《さとうしんいちろう》という。

少し脇道にそれるが、私が田中角栄の中国利権について本を書こうと思いたったのは今から四、五年前のことであった。そして、昨二〇一五年の八月から田中角栄関係の本を乱読してきた。これには少し理由がある。私の知人が、東京・神田神保町の古書市で、田中角栄の関係の古書が全五十点、一冊百円で売られていたからと、私の元へ送ってくれたからである。

私は八月から九月にかけて、ひたすら、送られてきた五十冊の〝角栄本〟を読んだ。そして、それだけでは満足できず、インターネットの古書販売のルートで〝角栄本〟ならびに〝ODA本〟をかなりの数、入手した（ODAについては後述する）。八月、九月そして十月と、田中角栄を中心とする本を毎日読み続けているうちに、あることに気づいた。それは、いたって単純なことであった。

まず第一は、「佐藤慎一郎」の名が一度も登場しないということであった（私の見落としがあるかもしれないが）。第二は、一九八〇（昭和五十五）年の大平正芳の政権時から始まる対中国ODA（政府開発援助）に関し、ほとんどの〝角栄本〟は一切触れず、また触れていても、田中角栄の名が登場しないということであった。田中角栄の蓄財を追究した本が多かったものの、そのほとんどは、田中角栄が新しい会社を設立、同時に幽霊会社と赤字会社も設立し、それら三つの会社を通して、税金を納めずに大金を得るという方法を述べたものであった。この点についても後述することにしよう。

七十冊以上の〝角栄本〟を読み進むうちに私はあることに気づき、そして、それは一つの確信へと変化した。それは、対中国政策の根本には大きな闇が存在し、その闇に接近したり、足を踏み入れたりしないように、厚い壁が存在しているということであった。この厚い壁は、間違いなく、田中角栄の訪中後に築かれていったものだと私は考えるようになった。

〝角栄本〟だけでなく、私は反中・反韓を主張する週刊誌や雑誌も長い間読み続けてきた。しかし、厚い壁の内部を少しでも伝えようとする記事には出会えなかった。後述するが、一度だけ、雑誌『別冊正論』で、この厚い壁の内部がごく一部が紹介されたが、真相を知るための窓はすぐに堅く閉ざされた。

田中角栄なる人物を知るためには、今までの〝角栄本〟をどれほど読んでも駄目なのである。新しい見方が必要なのである。その「新しい見方」とは何か。

田中角栄が新しい利権を獲得せんがために目標としたのが、かの共産主義の国であったということを知ることである。

この「新しい見方」を知るために、一人の人物が日本にいたということである。その男は独りで田中角栄で挑んだのである。そして、田中角栄が築き、大平正芳、鈴木善幸、中曽根康弘、竹下登……と続いた歴代首相たちが築いた厚い壁を打ち破らんと孤軍奮闘した男こそ、佐藤慎一郎であった。

彼の経歴を記すことにする。佐藤慎一郎先生三回忌記念『日中提携してアジアを興す』第二集「我が生涯は水の如くに」（二〇〇一年、志学会発行）よりの引用である。なお、責任監修は長《なが》塩守旦《しおもりあき》（志学会）。引用はごく一部である。

一九〇五年（明治三八年）佐藤要一の長男として東京で誕生。

一九三七年（昭和一二年）満洲国大同学院教授となる。

一九四一年（昭和一六年）総務庁事務官となる。

日米開戦の数ヵ月前ハルビン傳家甸の魔窟、「大観園」に単身潜入、阿片窟の驚愕の実態を詳細にレポートする。この時の無理がたたり発疹チフスの重患となる。

一九四六年（昭和二一年）、中共より死刑宣告を受ける。それより一一日にして釈放。

一九四七年（昭和二二年）三月、長春から護送列車で奉天へ。瀋陽戦犯収容所収監。八月、日本に引揚・日本全国を巡り、収監者の家族を訪ね歩く。

一九五四年（昭和二九年）、この頃から総理大臣報告等を始める。

一九六〇年（昭和三五年四月）、拓殖大学海外事情研究所員。

一九七二年（昭和四七年）、団体訪中に対し、日本は台湾との信義を守り、台湾を見捨ててはならないと、各地で必死の講演活動を続ける。

一九七六年（昭和五一年）三月、拓殖大学定年退職。その後、著述講演活動。

一九九九年（平成一一年）十月、逝去。享年九十四。

右は私が「佐藤慎一郎先生関係年譜」からごく一部を引用したものである。

一九四一年の年譜にあるように、佐藤慎一郎は満洲国ハルビン（哈爾浜）にあった売春窟、阿片窟であり、犯罪組織のアジトでもあった「大観園」に単身潜入する。このときの記録が『魔窟・大観園の解剖』（一九四一年。一九八二年復刊）として刊行されている。私はこの本は、日本の記録文学の金字塔に位置すると思っている。しかし、ここでは、その存在を読者に伝えるだけにしたい。

佐藤慎一郎氏（『佐藤慎一郎選集』口絵より）

佐藤慎一郎は敗戦後、帰国の道をあえて選ばず、満洲に残った日本人の救出活動をする。そして、中共軍に捕えられ死刑宣告を受けるが釈放され、つづいて国民政府に逮捕される。そして瀋陽戦犯収容所に収監された後、釈放され、日本に引き揚げる。

この間の出来事は『佐藤慎一郎選集』（一九九五年）の中で詳細に書かれている。少しだけ引用する。

一九四五年（昭和二十年）八月九日。日ソ不可侵条約を一方的に破って、突然進撃して来たソ連軍に、全満洲は、文字通り周章狼狽《しゅうしょうろうばい》。昨日まで全満洲に傲然《ごうぜん》と君臨していた関東軍は、全満の日本人を置き去りにして、自分の家族だけを引き連れて、その夜のうちにさっさと撤退。満洲国は崩壊すべくして、崩壊していたのだ。かくして八月十五日、日本は全面降伏。

日本軍のために、自分の正妻を爆殺された蒋介石は、自ら全国民に対して「怨みに報いるに、徳を以てせよ」（老子）の言葉をもって、日本及び日本人に対処すべき原則を示している。日本人の早期引き揚げも、その主旨に基づいて実現されたものであった。

佐藤慎一郎は、日本に帰ろうとせず、満洲に置き去りにされた多くの人を救うべく努力する。そのなかで中共軍に捕えられ、そして国府軍にも捕えられるのである。その彼は日本について書いている。引用する。

アジアの諸民族にさきがけて、アジアの独立と防衛と建設に起《た》ち上《あが》った日本は、アジア諸民族に大いなる希望を与えたばかりでなしに、全世界の抑圧されていた諸民族にとっても、大いなる光明であったはず。そのような日本が、その自らの発展の途上において、アジアを忘れ、西欧と一緒になって、アジアを犯すといった取りかえしのつかない、大きな過ちを犯してしまっていたのだ。

佐藤慎一郎はこの本の中で、毛沢東についても以下のごとく書いている。

魯迅《ろじん》は、〝水に落ちた犬に、石をぶっつけろ〟と叫んだ。毛沢東は八億の民に〝死屍《しし》に鞭打《むちう》て〟（伍子胥《ごししょ》が楚《そ》の平王《へいおう》の墓をあばいて、その屍《しかばね》を引きずり出して、これを三百回鞭打って、恨みを晴らした故事）と、号令している。孫子は〝窮寇《きゅうこう》は、追うべからず〟（追い詰められた敵には、もうそれ以上追撃せずに、生きる道を残してやれ）と教えた。その孫子に学んだ毛沢東は、〝窮寇は、追うべし〟（追い詰められた敵には、あともう一歩だから、追い詰めてせん滅してしまえ）と命令している。心眼すでに乱れてしまった毛沢東とは、そのように非情な人間である。

しかし大通りの両側に盛りあがった名もない中国人大衆の心情には、勝ち誇った傲慢さもなければ、まして毛沢東のような非情さは、みじんも感じられない。あるものは私たち敗残の日本人に対して、秘やかに注がれる暖い憐愍《れんみん》の眼差しだけであった。これが本当の中国人である。ありのままの中国人とは、人間を理解し、人間を愛する、情味豊かな民族である。これこそが、私たちの心に生き続けている、本当の中国人であった。

佐藤慎一郎は長い間、中国（特に満洲）で、多くの中国人と接して右のような中国人観を持つに至った。しかし、毛沢東が支配した中国には鋭い批判の眼を向ける。田中角栄の訪中にも厳しい態度を取り続ける。

次項は、田中角栄が首相になる前の日本と共産中国、そして、台湾について書くことにしよう。「角栄的事始め」の始まり、始まり……といったところである。

日中貿易の影の支配者たち

私の知人が五十冊の〝角栄本〟を送ってくれたことはすでに書いた。それらの本の中に、なにやら不思議な雰囲気をまとう一冊があった。この本は、五十冊の本の最後に読んだ。どうしてか？　角栄本の中でも〝ヨイショ本〟の臭いが題名から濃密に漂っていたからである。

その『角さんや帰っておいで越後へ』（北川省一著、一九九〇年）のカバーには、「良寛の研究家が政界引退を決意した田中角栄を懐かしむ！」と書かれている。巻末の著者紹介には良寛関係の著書が多数並んでいる。この本から「日中国交正常化の陰に秘められた毛沢東の招待状」なる文章を引用する。

民国三十四年といえば昭和二十年にあたるが、その年、中国大陸では最後というべき大作戦が湖北・湖南省で日本軍と国民党軍の間に行なわれた。北が湖南の常徳作戦、南が湖北の洞庭湖掃討作戦、海軍は洞庭湖を担当していた。この話は海軍側の陣地で起こった。この地方は辺境だが、良質の米がとれ、松茸や菱《ひし》の実《み》が収穫でき、中国では珍しく水がきれいなところである。日本兵でなくとも、この地を確保したいということで張り合っていた。まずいことに、この地は中国共産党の頭目であった毛沢東の生地であるから、国民党軍にとっては攻める口実も伴っている。その緊迫した前線に、延安の穴倉に立て籠っていて国民党軍に包囲されたと見られていた毛沢東が、日本軍の前哨線を突破して単身でひょっこりこの郷村地区に潜入して来ていた。その情報をつかんだ日本軍は部落中を焼き払い、部落民全員を狩り出して順々に首実験《ママ》を行なった。そこには居るはずのない毛沢東が、部落民の群衆の中に紛れもなく長身を屈めてヌーボーと立っていたのである。日本軍の司令官・小林勝次郎少将はしばし絶句する思いであったという。

「毛沢東だな」

「是（そうだ）」と答える。

この文章は長い。以下、私がダイジェストする。

司令官・小林勝次郎少将は「君は敵の大物であり、君の去就で国事に支障が起こるだろう。旅費と一週間分の食糧を支給する。気をつけて元気で行きたまえ」と言い、毛沢東を釈放した。このとき、毛沢東は村民に羊の皮を持参させ、これに墨汁で、「三世報恩《ほうおん》」と書いて小林少将に贈った。そして戦後、毛沢東を救った小林元少将を中国に招きたいと外務省に招待状がたびたび来たという。しかし、小林元少将はすでに他界していた。外務省はその旨を中国政府に連絡した。すると中国側から意外な報が外務省に入った。「当時、司令官の当番兵で高橋元吉という兵曹長がいたが、健在ならばその人でよい」とのこと。

毛沢東は、高橋元吉に中国と日本の貿易の利権を与え、恩に報いたかったのである。当時、中国と非公式の貿易を行っていた商社群は三百数十社あった。この非公式の貿易の利権を毛沢東は、恩人・高橋元吉に与えようと望んだのであった。続けて同書から引用する。

その話が伝わってから、高橋元吉兵曹長に対して、さまざまな勧誘と妨害の手が伸び、たとえば商社設立の資金を提供するという申し出が相次ぐ。当時、自民党幹事長の角さんもその一人で、渋谷の恵比寿駅近くに潜伏していた中共政府の「人民政府東京出張所」にも連絡をとったりしている。その後、高橋元兵曹長《ママ》は何回か訪中の機会がありながら、その目的が果たせなかった。田中筋からの牽制が入って、外務省の手加減に苦しめられたという。これは松田稔の調査レポートで「いつまで続く田中金脈の現形記」に教えられた。

このように、故小林司令官の「武士の情け」に対する毛沢東からの返礼のプレゼントは、まわりまわって田中内閣の「日中友好平和条約」として結実することになったというのも、歴史の皮肉な現実を示している。

「角栄学事始め」の基本的な要素が、この右の文章の中に見えてくる。田中角栄は、金の臭いのする場所を常に探し求めて、いかにすれば大金を得られるかを研究し尽くした政治家である。ここで、少し方向転換してみよう。

「LT《エルティー》貿易」なるものが過去に存在した。このことについて書くことにしよう。田中角栄の利権構造の知られざる一面が見えてくるからである。

一九五九（昭和三十四）年十月、日本の政治家・松村謙三《まつむらけんぞう》（富山県出身。戦前、衆院議員に当選、戦後は文部大臣、農林大臣を歴任した）を周恩来首相は中国に招いた。そこで、周恩来は松村謙三に「平和共存五原則」を説き、「日中両国は敵視すべきでなく、友好的に付き合うべきだ」と説いた。

松村謙三は帰国後、高碕達之助《たかさきたつのすけ》に翌年十月の訪中を促した。高碕達之助は一九五五（昭和三十）年四月にインドネシアのバンドンで開かれた「アジア・アフリカ会議」に日本代表として出席していた。当時、彼は鳩山一郎内閣の経済審議庁（経済企画庁の前身）の長官であった。このバンドンでのアジア・アフリカ会議で高碕達之助は周恩来と会談した。周恩来は高碕達之助に「平和共存五原則」を改めて説き、「日本との国交正常化を希望する」と語った。しかし、日本の外務省は、周恩来と高碕達之助の二回目の会談を認めなかった。その理由は台湾との日華平和条約の件があったからである。

高碕達之助は一九六〇（昭和三十五）年十月、ついに訪中を果たす。このとき、周恩来、珍《ちん》毅《き》、廖承志《りょうしょうし》らが高碕達之助と数回にわたって長時間の会談をしている。それから二年後の一九六二（昭和三十七）年十月、大企業二十二社のトップを含む、高碕達之助ら一行四十二名が北京に赴いた。十一月九日、廖承志と高碕達之助は「中日長期総合貿易に関する覚書」に調印した。

ここで注目したいのは、中国側は廖承志事務所を東京に、日本側は高碕達之助事務所を北京に置いたということである。また、この「覚書」は、政府貿易協定に近い性質を持っていたことである。

こうして覚書貿易が誕生し、両国代表の廖《りょう》の「L」と高碕の「T」をとって「LT覚書貿易」と呼ばれることになった。

一九六四（昭和三十九）年八月十三日、廖承志東京駐在事務所が開設された。このLT貿易によって、日中国交の無いままに政府保証の事務所を両国が開き、人的交流とともに貿易が行われることになった。高碕達之助は事務所開設後に死去し、内務官僚あがりの衆院議員・古井《ふるい》喜実《よしみ》が高碕達之助の後を継いだ。

このLT貿易の主役の一人、廖承志について佐藤慎一郎は次のように書いている（「拓殖大学七十二期生、佐藤ゼミ同窓会における講話」『佐藤慎一郎先生三回忌記念・日中提携してアジアを興す』より）。

廖承志からの訪中招請

僕の所へしょっちゅう来る中国人の女性がおりました。この方の兄さんは中共要人の娘をもらっておりました。この女性はアメリカへ逃げました。「何でアメリカへ逃げるんだ?」と尋ねましたら「今逃げなければ。今なら、要人〔兄の義父〕が生きている間なら大使館は私のことを全然構いません。今なら逃げられます」と。そこで僕は米ドルが何ぼかあったものだから、それをくれてさよならした。彼女は何回となく、ここへ遊びに来てくれてね。「佐藤さん、あんたの事は逐一、中国大使館で分っているから、あんた絶対中国へ行かないで下さい。必ず殺されます」と言ってね。本当は行きたかったんだけど、行けなかった。

対日工作をしておった廖承志さんというのがおりますが、これは廖仲愷《りょうちゅうがい》の子供です。その廖仲愷は、僕の叔父・山田純三郎と仲が良かった。その息子である廖承志は対日関係の大将をしておった。僕は廖承志から二回、招待されたんだ。だけれども行きたくても僕は行かなかった。あんな事情があって行かなかったんだ。

この佐藤慎一郎が学生たちに語った話の中に、LT貿易を始めた廖承志が出てくる。彼は日本にやってきた中共の最大のスパイであった。LT貿易とは何かが、少しだけ見えてきた。稲山嘉寛《いなやまよしひろ》の『私の鉄鋼昭和史』（一九八六年）から引用する。

私と中国との因縁というか、関係は古いものがある。戦後、初めて中国へ行ったのは昭和三三年で、鉄鋼の長期貿易協定を結ぶことが目的だった。交渉は難航したが、ようやく協定調印にこぎつけたのが二月二六日だった。しかしその直後、長崎で開かれていた中国物産展会場で、心ない暴徒が中国国旗を引きずり下ろすという事件が起きて、御破算になってしまったのである。

当時、稲山嘉寛は八幡製鉄常務であった。

第二次岸内閣がこの年、一九五八（昭和三十三）年の六月に発足した。稲山嘉寛の訪中は周恩来の招請によるものであった。そして、その仲介役を演じたのが、国際貿易促進協議会

（国貿促《こくぼうそく》）の鈴木一雄であった。この国貿促をつくったのは日本共産党であった。日本共産党の過激派の拠点であった。この国貿促を警視庁が家宅捜索をしている。

要するに、この政治的過激派団体は中国共産党の意向や指示どおりに動いていたということになる。ここで、青木直人と古森義久の『終わらない対中援助』（二〇〇九年）から引用する。

青木　〔国貿促は〕日本共産党（左派）を名乗る毛沢東主義の拠点だったわけです。一九六六年に始まった文化大革命を契機に共産党と別れて、除名された中国派が組織を握ったのですが、一貫して対中国貿易を通じて合法的に日中両国間のカネの流れに関与してきました。

国交正常化の前から国貿促が多く扱っていた中国製品の一つが、漆なんです。中国産の漆はものすごく需要があって、とくに信州地方で重宝されたといいます。あるいは、フカひれ。中華料理の食材になる、あのフカひれです。そういうものを独占的に輸入していました。だから国貿促を通じないと、そうしたものが手に入りません。

もう一度、稲山嘉寛の本から引用する。右に引用した文章と比較して読んでほしい。

私の中国行きが実現したのは、三菱の元社員で、戦後、国際貿易促進協議会（国貿促）がつくられたときの一方の大将である鈴木一雄氏が、私に熱心にすすめたからである。〔昭和〕三一年ころの話であるが、鈴木氏は私に

「周恩来さんが、どうしても稲山さんに来てほしいといっている。行ったほうがいいですね。是非行くべきです」

としきりにいってきたが、まだそのころは、行く気持ちはなかった。

右の文章を読んで分かるのは、国貿促が設立される以前から、日本共産党（左派）は日本の大企業に中国貿易の誘いをかけていたということである。その日本共産党の誘いに乗って、稲山嘉寛が多くの経済人を引率して中国に行ったということである。このときの中国視察団には、八幡製鉄、富士製鉄、日本鋼管、川崎製鉄の重役ら九人が参加している。

この鉄鋼集団は、中国に向けて「原価プラス適正価格」で鉄鋼を輸出しようとした。しかし、中国側は輸入価格を値切ってきた。そのようなときに、またしても、あの佐藤慎一郎を殺害しようと計画した廖承志が登場するのである。

「……周恩来が帰ってくれれば、日本から鉄鋼を買うのは決まっているのだから、話は進むはずです。帰るまでぜひ待っていてほしい」

周恩来はこの日、北朝鮮を閲兵のため訪問していた。
続けて『私の鉄鋼昭和史』を読んでみることにしよう。

それはともかく、周総理の鶴の一声で、日中鉄鋼協定が〔昭和〕三三年二月二六日、無事、調印された。協定は一九五八年から六二年までの五カ年にわたって、日本が中国から石炭、鉄鉱石を購入、その見返りに鋼材を輸出するという長期バーター貿易（合計片道一億ポンド）である。ところが前記のように、同年五月二日、長崎での中国旗事件が起こり、協定は中断され、幻の協定となってしまった。

この「日中鉄鋼協定」から「ＬＴ貿易」が生まれてくるのである。このＬＴ貿易から中国への財政援助方式が登場する。日本共産党左派の連中が、日本鉄鋼協定の陰の主役であったことを知る必要がある。その日本共産党の左派の連中が作った国貿促が、現在も、日中貿易の主役を演じている。

●——中国スパイに籠絡された総理指南番・安岡正篤

『佐藤慎一郎先生三回忌記念誌』は一度引用した。次に引用するのは「三二年三カ月、精魂傾けた総理報告」である。ただ引用するだけかと思わないでいただきたい。佐藤慎一郎の証言が貴重であること、また、その証言が載っている本が、ごく一部にしか頒布されていないからである。簡単に表現するならば、ほとんどの人が知りえない事実であるからだ。

死に際に気にかかるのは、この日本のことです。拓大に勤めておった時は、総理報告を毎月しておったんです。この総理報告というのは月一回、赤坂見附の料亭によばれて二〜三時間しゃべる。最後の方は銀座になりましたが。アメリカ、ソ連、中東の専門家、経済の専門家、こういう方々が六〜七人から十二〜十三人、政府の高官によばれてお話をする。その話の要点だけを記録して一冊にする。「佐藤さん、上級機関に出すものだから、絶対に言わないで下さい」という約束で、僕は総理報告とは知らずにやらされたんです。満洲から帰って来て、僕は西荻の引揚寮・荻根寮におった。そこに政府から「来てくれないか」という電話が入った。ところがね、僕には赤坂見附まで行く電車賃がなかったんです。帰りの電車賃もなかったんです。だから、仕方なく四ッ谷で降りて指定された料亭まで歩いて行きました。「これは政府の最高機関に提出するんだから、中国の問題をお話してくれないか」と。こう言ったから、「僕は雑談なら何ぼでもあるけれども、ずーっと向こうで留置場に入っておったし、今はもう新聞をとることも出来ません」と、お答えした。そしたら、「いや、こちらでご質問いたしますから、その質問にお答え下されば結構です」と、こう言うんだ。

「じゃあ、まあ」と言うんで色々と尋ねられノートをとられた。〔中略〕「毎月一回、お願い出来ませんか」と言われて、「こんな馬鹿話ならお話いたしましょう」と、約束したんです。それが続きまして三二年三カ月、やりました。拓大におる間、ずっとやっておった。

先に引用した経歴書によると、一九五四（昭和二十九）年五月ごろに「総理大臣報告を始める」とある。この年の四月二十一日、検察庁による自由党幹事長・佐藤栄作の逮捕許諾請求を、犬養健《いぬかいたけし》法相が指揮権発動によって阻止している。同月、田中角栄は自由党副幹事長となっている。田中角栄三十六歳であった。

佐藤慎一郎の「総理報告書」を、この記念誌を責任監修した長塩守旦が保管していることを私が知ったのは今から四、五年前のことである。彼と懇意の人物から知らされ、なんとか読みたいものと、接触、説得を幾度も試みたが失敗に終わった。そんな折りに『別冊正論』（二〇一二年九月号）が世に出た。次のように書かれていた（以下この雑誌記事は『別冊正論』とする）。

巻頭特集　戦後史の「空白」だった中国の脅威　座談会・驚愕の封印資料入手！
総理も手にした「反共報告書」が教える売国政治家たち
京都大学名誉教授　中西輝政《なかにしてるまさ》
日本会議専任研究員　江崎道朗《えざきみちお》
近現代史研究家　長塩守旦《ながしおもりあき》

この巻頭特集を読んで、私は即座に田中角栄の本を書くのを諦めようと思った。しかし私が再び、田中角栄の本を書こうと考えを改めたのは、長塩守旦本人から池田勇人に関する資料や本をたくさん拝借したからであった。その中に、佐藤慎一郎が池田勇人の秘密を暴《あば》く資料と関係する本が交じっていたからである。そこで、私は拙著『天皇種族・池田勇人』（二〇一四年）の中で、一つの出来事を書いた。

以下は、「三二一年三カ月、精魂傾けた総理報告」の後に記載されている「池田総理に忍び寄るソ連の魔手」からの引用である。

僕は総理から時々呼ばれるんです。総理の朝飯会《あさめし》で講演させられるんだ。朝飯会は一時間ですが、この間、僕がしゃべるのは二十分位です。質問は二～三分でした。中でも池田総理は熱心に僕に質問する。呼ばれた二、三回、朝飯会でお話した。そしたらね、池田総理の一番の秘書（宏池会事務局長・田村敏雄）がね、この方は自民党でも有名な方ですが、僕のもとへ三回参りました。僕が会長をやっていた東亜法制学会の事務所に二回、自宅に一回の三回だ。昭和三十年の初め頃かな、拓大へ行く前からですね。「毎月、百三十何万ずつ出すから、これで中国問題の研究をやってくれ」と言って三回参りましたが全部断りました。断ったところ、池田総理から僕のところへ直接電話がきました。「自宅へちょっと来てくれないか」と。行きました。すると総理は「何で君は断るんだ。お金が足りないか」と言いました。

佐藤慎一郎の文章は長い。以下にダイジェストする。

佐藤慎一郎は池田総理に、宏池会事務局長・田村敏雄がソ連のスパイであることを告げる。

池田と田村は大蔵省の同期であった。「解《わか》った。大平に話してくれ」と池田総理は言った。大平正芳は「絶対に口外しないでくれ。大変な問題が解ってきた」「はい、口外しません」と佐藤慎一郎は答えた。

右のようなことが、この本には書かれている。

この「総理報告書」の内容がすべて、中国大使館に筒抜けだったことも書かれている。しかし、ここでは省略したい。

中国のスパイとなった一人の日本人学者について書いておきたい。その人は安岡正篤《やすおかまさひろ》である。戦前から戦後の長きにかけて、多くの首相の政策ブレーンであった陽明学者である。

日本は蔣介石との全面戦争に入った。蔣介石は首都・南京を捨て重慶へと逃げた。重慶の情報機関に王芃生《おうほうせい》という人物がいた。終戦後、安岡正篤は戦犯として逮捕されることが決定していた。王芃生はその報を聞くと蔣介石のところへ急いで、「逮捕するのは止めなさい。情報源がなくなるじゃないか」と直談判したのである。

佐藤慎一郎はソ連のスパイ、宏池会事務局長田村敏雄をズバッと斬り捨てた後、国民政府、そして中共のスパイであった安岡正篤に舌鋒を向ける。佐藤慎一郎は次のように指弾している。

安岡先生、あの人しゃべったことは間違い無い。政界、財界、官界の方向、全部決まる今、そういう偉い人がいないから、誰に聞いたってサッパリ解らないんです。あの頃、安岡先生が言ったらピシャッと決まっておったんです。政界、財界、官界、皆な言うことを聞く。「あれ殺したら情報源が無くなる。止めろ」と言って、制止させたのは国際共産党員の王芃生ですよ。それで安岡先生は逮捕されなかったんです。これは私は、側近から聞いてあるんだから間違いない。それから軍の情報将校、中将の方から直接聞いています。私のは、又聞きではない。直接の人から聞いている。

日本は大東亜戦争に突入してとうとう敗《ま》けた。日本が敗けるように、中国を侵略するように、侵略するように情報を送った人は、他ならぬ日本人です。日本人が情報を送っていたんです。どうして日本人がこういうことをするのか私にはとても解らない。これはお金だけじゃない。思想だ。

「これはお金だけじゃない。思想だ」という佐藤慎一郎の言葉は重い。佐藤慎一郎は「この総理報告書をね、僕は三二年三カ月やったんです。一銭も貰っていませんよ、僕は。こりゃ僕は本当に勉強しました。ふつうの勉強じゃ駄目なんです。中国人を訪ね歩き、中国人から活きた知識を引き出させなければ役立たないんです。だから、僕は本当の勉強をした。このことは、僕は誰にも言わない」

本当の勉強とは何かを佐藤慎一郎は私たちに教えようとする。もう一度、王芃生について書かれた文章を引用する。

王芃生は日本におったんです。日本のお偉い方々が皆彼に会っております。彼は駐日大使館におった。安岡正篤先生などは、しょっちゅう会っておったんです。或る時、安岡先生がある所で講演されました。「大使館におられました王芃生というのは実に素晴らしいお方でございまして、私はしょっちゅうお会いしてお話を伺っております」と話されました。スパイですよ、この王芃生は。安岡先生は解らないんです。『論語』しか読んでいないから。『論語』だのあんなものは、人を信じてこうやるという素晴らしい教えだ。だから、安岡先生には解らないんです。「王芃生さんは素晴らしい方であります」と演説したから、僕は吃驚仰天《びっくりぎょうてん》してね、講演が済むと一緒に事務室に帰って行った。誰も来いと僕に言ったわけではないのですけれども、僕は一緒について行って、安岡先生が座るや否や、「先生。あの王芃生というのは国際共産党員ですよ」と言ったら、安岡先生はハッとして顔色を変えた。後にも先にも安岡先生、あの時だけだ、ハッ！　とやってね。

戦前・戦後の歴代首相に、政治とは何かを諭した安岡正篤が、中国共産党のスパイであったことを私たちは知る必要がある。多くの日本人が、ソ連、そして中国共産党のスパイとなり、戦前・戦中を通じて日本を敗戦へと導こうとしたのである。調子のいいことを言う道徳家を信用すると、いつも騙《だま》される。

ここで、孔子について書くことにしよう。『佐藤慎一郎先生講演集』(私家版・一九九九年)から引用することにする。孔子のことが書かれている。

孔子様の弟子に子路《しろ》という人ありますね。子供の路、子路という人が、なんか誰だかを殺そうとして家のなんだかを殺そうととっつかまえてね、殺されて家のじょうもんで塩漬けにされたんです。殺されて刻まれて塩漬けにされた。

それを聞いた孔子はがっかりしてね、自分の家にある人間の肉の塩漬けを引っくりかえした。自分の愛弟子《まなでし》が殺された話を聞いて、自分の家にある肉の塩漬けを引っくり返したとちゃんと記録にある。孔子が食べておるということは書いていません。しかし、食べておったに違いない。食べるんです、みんな。それで塩漬けにしておくんです。

人間はいつも裏切られる。池田総理の友人の田村敏雄がソ連のスパイであったり、日本の良識の金字塔とされる安岡正篤が中国共産党のスパイであったことを知ると、私の理性も少なからず狂いだす。孔子の逸話しかりであろう。何を信じるか、それを私たちは問われている。

田中角栄に関係のない話ばかりではないかと読者は思われるかもしれない。しかし、佐藤慎一郎ほどに、田中角栄の真実に迫った男はいなかったのである。だから、この第1章は「角栄に戦いを挑んだ中国学者」とし、佐藤慎一郎の足跡と人となりを書いてきたのである。次項は、田中角栄が日本国総理大臣になる直前の様子を描くことにする。

「角栄を中国に連れて行ったのは朝日新聞です」

ズビグネフ・ブレジンスキーの『ひよわな花・日本』が日本で出版されたのは、一九七二年二月五日である。田中角栄が総理大臣になる数カ月前である。

この邦訳書の出版当時、ブレジンスキーはコロンビア大学の教授であった。この本には、当時の日本が次のように書かれていた。

新しい争点としては、外交政策、とくに対中国政策がある。ある意味では、中国は、日本の政治にとって現実的な争点であるばかりでなく、象徴的な問題にもなってきた。

ここで現実的というのは、国連代表権問題のみならず、(日本が相当の経済的権益をもっている)台湾のようなきわめて微妙な問題について、早急な選択を迫られているからだ。一方、象徴的というのは、中国問題自体が、対米自主性の程度、新しい民族的ないしアジア的自主独立意識の有無、自民党執行部内の革新的精神の真価を試すリトマス試験紙になってきたからである。その結果、野心を燃やす自民党実力者たちは、ほとんど例外なく中国に対する態度を明確にせざるをえなくなっており、非常に保守的な実力者までが日中関係の修正を支持し、北京訪問の希望を表明するまでになった。

ブレジンスキーは当時から有名な地政学者であった。カーター大統領のもとで安全保障問題担当特別補佐官を務め、現大統領バラク・オバマを政治家として育てあげた人物でもある。続けて引用する。

中国問題は深刻な党内分裂を引き起こす引き金となり、その結果、かたや佐藤首相をリーダーとし、実兄の岸信介元首相、それにたぶん岸および佐藤自身が佐藤の後継者として推挽する福田赳夫外相に支持される現執行部、かたや三木武夫や藤山愛一郎（みずから中国との準公式的接触の推進を指導している）のような年来の反佐藤派実力者のみか、おそらくは、大平正芳、田中角栄あるいは中曾根康弘のような「中道派」の総裁候補まで含む各実力者との間で、抗争が展開される可能性が十分ある。

田中角栄は、親中国派の三木武夫と藤山愛一郎をまず味方につけ、大平正芳、中曽根康弘には大金をちらつかせて協力者としたことはすでに多くの本に書かれすぎている。ここでは、誰もが次期総裁と認めていた福田赳夫に少しだけスポットを当ててみよう。

一九七一（昭和四十六）年春、福田赳夫蔵相（この年の夏に外相）は長い間の沈黙を破り、国民政府（台湾）への投資が中国を刺激することを警告し、柔軟な姿勢をとるべきだと発言した。田中角栄は中立的立場をとりつつも、親中国的立場をとる藤山愛一郎への接近を試みていた。

同じ頃、やはり首相候補の大平正芳も、日本は国連の多数決による結論に従わざるを得ないだろうと言い、これまでの国民政府支持の立場を一転させた。かつて佐藤首相と総裁の椅子を争った三木武夫は、いち早く中国問題に取り組む姿勢を見せはじめた。そこで台湾派の重鎮・賀屋興宣《かやおきのり》でさえ、「主流派の訪中は大賛成」と進言するに至った。もう一度、ブレジンスキーの本から引用する。田中角栄評が載っている。

田中はもともと党人で、一九七一年夏に通産相に任命されたが、福田が敗れるとなれば、次期総裁候補の最有力馬となることは明らかである。わずか五三歳で、中曾根と同輩。選挙民にも人気があり、きわめて個性的な選挙戦を進めてきた。しかし、魅力に富み、知性にもすぐれているとはいえ、多少学歴が劣る（彼は東京大学「クラブ」の一員ではない）ことを気にしているフシもあり、外国人との付き合いは苦手のようだ。

ブレジンスキーは、田中角栄の人物像を見事に捉えている。

福田赳夫は東大法科卒、大蔵省主計局長を務めた後に政界入りした、いわばサラブレッドである。多くの本を読んでみると、田中角栄が福田赳夫を破り、自民党総裁の座を射止めたのは、その金《カネ》の力によった、と書かれている。それは否定できない。しかし、田中角栄は総裁選が近づくにつれて、国民的な人気が一気に盛り上がっていくのである。そこに一つの大きな謎が横たわっている。

二〇一四（平成二十六）年十二月、私は、『別冊正論』で佐藤慎一郎の「総理大臣秘密報告」の一部を公開した長塩守旦氏（以後、長塩守旦）と東京の某所で会い、私に是非、「総理大臣秘密報告書」のコピーを見せてほしいと、約三時間説得した。しかし、彼は「もう二度とこの報告書は誰にも見せたくないのです」と、私の申し出を頑に拒絶した。だが、彼はそのとき、「朝日新聞が田中角栄を総理にすべく動き、中国にも連れていったんですよ。調べて下さい」とポツリと語った。あの日から一年近くが経ち、私はこの本を書いている。

長塩守旦は『別冊正論』の中で次のように証言している。

佐藤慎一郎先生は十四年前に九十四歳で亡くなりましたが、生前に報告書の大半を息子さんに廃棄させました。しかしこの四年間分〔一九七九〜八四年〕だけは、息子さんが廃棄する途中で佐藤先生が慌てて取り戻したそうです。そして先生の死後に私が預かることになった。それは何故だろうかと考えたんですが、「この国のために生かしたい」と考えられたからではないかと思うんですね。だから私としては、これを日本の政界の浄化、対中外交の是正に少しでも役立ててもらえれば有り難いと思っているんです。

「三二年三カ月」、総理大臣報告書を書き続けてきた佐藤慎一郎が、どうして、一九七九〜八四年の四年間分だけはこの世に残そうとしたのであろうか。この総理大臣報告書を後章で追究することにし、まずは、田中角栄を自民党総裁に押し上げたマスコミの力、特に朝日新聞について記すことにしよう。

季刊誌『満洲と日本人』(第十号、一九八四年)の中に『佐藤慎一郎先生、人生・謀略・中国を語る――さわやかな朝のお茶談議と講演――』で、佐藤慎一郎は弟子の一人の質問に答えるかたちで次のように語っている(質問者の姓は省略)。

(中共からもだいぶ朝日にお金が出ているという噂ですね)

佐藤　田中〔角栄〕を〔中国に〕連れて行ったのは朝日です。

（ははあ、例えば、まあ、こうやって、日本と中国との関係が良好な状況になって来ますね。朝日新聞なんか、例えば中国大陸で秦の始皇帝の地下宮殿の人形がございます。何でしたか、兵馬俑《へいばよう》ですか。等身大よりも大きい人形なんか、どんどん大阪なんかへ持ってきていますけども。二千前以上も前の……）

佐藤　ああ。

（それの色んな展示会やるんです。その時は朝日が一番優先的に展示会やってますよ。それは商売になりますから。そういう形でのてこ入れがあるかも知れない）

佐藤　朝日は何といったって原稿料が多いからね。インテリは原稿料が多ければ、朝日の意向を汲んで左の意見を上手に書くからね。いい論文がない。

佐藤慎一郎はインテリについて触れている。そしてインテリの中に共産党の秘密党員がいると語っている。朝日新聞に記事を寄せる連中のことかと思われる。

（共産党は、やっぱり恐いですね）

佐藤　恐いですよ。あの騒いでいるのは何も恐くないんだよ。あれに感激して共産党を支持する人もあるでしょうけれど、日本人、そうバカでないからね。なんぼいいこと言っても、共産党に票を入れないわね。うん。ところがその共産党打倒の雑誌を出してる奴は、中共から金をもらって出しておったんだから。ハハハ。ね、そういうのはわからないよ、日本人は。おれの知っている人だよ。あれはわからないよ。ソ連を批判し、中共を批判し、共産主義を批判して、堂々と雑誌だしてるんだ。チャアンとビル建ててね。堂々とやってる。誰だって、あいつは反共だと思って、お金が中共から来てるのを知らねェんだ。ハハハ。それも一種の謀略です。

この佐藤慎一郎の談話の真意を推し量るのは難しい。実名を挙げていないからである。後に再びこの問題を取り上げるとして、次に、朝日新聞「検証・昭和報道」取材班の『新聞と「昭和」(下)』(二〇一三年)から引用する。

広岡・朝日新聞社長が訪中

文化大革命の時期にほぼ重なる一九六七(昭和42)年夏から77年末までの10年間、朝日新聞社長を務めたのが広岡知男だった。

「早期の日中復交」が持論の広岡は、かねて訪中の機会をうかがっていたが、70年春、自民党衆議院議員の松村謙三が日中覚書貿易交渉で訪中する際、「友人」の資格で同行が実現した。

交渉は難航した。前年11月、沖縄返還交渉で訪米した佐藤栄作首相が「韓国と台湾地域の安全が日本の安全にとっても重要」などと発言。これに対して中国は「まやかしの沖縄返還だ」「日本軍国主義は復活した」と猛反発し、厳しい姿勢でのぞんだからだ。

ほぼ一カ月のマラソン交渉となったが、周恩来との会見実現を胸に秘めた広岡は、チャンス到来をじっと待った。現職社長が株主総会を欠席して本社を長期間空けるという中国訪問は、「社員からも、世間からも責められた」とのちに広岡自身が回顧する、異例のものであった。

結局、単独会見は実現しなかったが、交渉妥結後の松村代表団と周恩来の会見に同席できた。


右の文章を読むと、朝日新聞社の中国共産党に対する異常な接近ぶりが分かるのである。

広岡知男は一九七〇（昭和四十五）年四月二十二日付の朝刊一面に「中国訪問を終えて」と題する署名記事を掲載する。その中で「私〔広岡〕は、日中関係の現状を、もっと多くの日本人が、いま真剣に、勇気を持って直視する必要があると思う」と書いている。また、翌一九七一年の元日付の朝刊で「日中国交へ踏み出せ、政府の基本姿勢　いまこそ転換を」とするキャンペーン特集を展開するのである。
もう一度、ブレジンスキーの本から引用したい。ブレジンスキーは見事に田中角栄の時代の到来を予言しているようにみえる。

現在の日中貿易（両国間には公式の外交関係がないのに、両国貿易はすでに始まっており、拡大の過程にある。したがって、もはや「貿易をするか、しないか」の段階ではない）を量的に拡大させるには、日本から相当額のクレジットが供与される必要がある。日本の経済構想を考えると、それには重大な政策決定がからんでくるだろう。〔中略〕いずれにせよ、クレジットの供与が唯一の決め手になるとみられ、中国側はかなり有利な条件でのソフト・クレジットを求めてくるに違いない。これは言うなれば、日本経済の一部分をもって、日本経済の他の一部分が中国に進出するのを補助することになる。

先に引用した『新聞と「昭和」』を読むと、ほぼ同じ時期のことが書かれている。そして、台湾政府寄りの政策をとり続ける佐藤内閣の外務大臣として、積極的な親中共政策をとれない福田赳夫の姿がクローズアップされてくる。
田中角栄は一九七一（昭和四十六）年六月二十九日、衆議院選挙での敗北の責任をとり、党幹事長を辞任した。七月五日には、第三次佐藤内閣の第一次改造で通産大臣に就任した。同年十月十五日、日米繊維交渉を結着させる。翌年一月、日米繊維協定が調印された。田中角栄は中国との貿易への道筋を朝日新聞の協力によって遂行していくことになるのである。

佐藤慎一郎が語る「田中を〔中国に〕連れて行ったのは朝日です」とは、こういうことだったのである。

●――児玉誉士夫は米中ダブルスパイである

平成二十七（二〇一五）年九月二十八日、私は佐藤慎一郎の弟子で「総理大臣秘密報告書」を所持する、近現代史研究家・長塩守旦から、一通の手紙とある書類（後述する）を送っていただいた。その手紙には次のように書かれていた。

鬼塚英昭様

これは私が行なったつまらぬ話を、正論誌編集長のもとで活字にしたものです。話の内容は大事な問題なのです。昔、中国の楚《そ》の国に屈原《くつげん》という憂国の政治家がおりました。強国である秦《しん》によって楚は併呑されてしまうと楚王に進言しましたが、無視されて、世をはかなんで自殺しました。私共は日本国の政治に絶望して屈原のように自殺してそのうっぷんを晴らすわけにはいかないのです。どんなに政治が腐敗しようと、絶望してはならない。この記録は田中角栄の札束政治に対しての深刻な告発であり、我が国政治家の無能とどん欲を暴露した貴重な一次資料なのです。先生が何をどう書かれるのか、資料提供者の一人になる私にはまるでわからない。〔中略〕先生の角栄論は、中国人も目にするはずです。中国人は、日本人の書く中国論は一読に値しない、とせせら笑っています。どうか、苦悩の中にある中国人が日中友好の真相をはっきりと認識し、又、墓と老後と年金の事しか頭にない日本人が一人でも多く覚醒するような本をのこしてもらいたい。私の希望することはそれのみ。

平成27年9月28日　長塩守旦　記

右の手紙とともに以下の資料が添えられていた。談話を活字に起こした記録であった。

クライアント：産経新聞社「正論」編集部　小島様
タイトル：第六回史潮会
談話者：報告：長塩守旦先生
　　討論：西尾幹二先生　福井義高先生　江崎道朗先生　他
収録日：二〇一四年（平成二六年）一月二四日（土）
録音時間：一八二分一〇秒
収録場所：大手町産経ビル

この「第六回史潮会」の記事はなぜか、『別冊正論』に載ることがなかった。この年の十二月、私は東京の某所で約三時間、長塩氏を説得したことはすでに書いた。「秘密報告書」はついに貰えなかったが、第六回史潮会の速記録のコピー資料を送ってくれた。そして、私は思ったのである。

長塩守旦は、この第六回史潮会の内容も、当然、『別冊正論』に掲載されるものと期待していたのではないかと。だがしかし、この三時間に及ぶ対談記事は掲載されることなく、どこかに消えてしまったのである。

私は一つの推測をした。田中角栄の〝秘密〟は本当は隠し通さねばならないものであった。だがそれが世に出てしまった。それゆえ二度と世に出ない方法として、第六回史潮会に長塩守旦を迎えて、多勢で三時間にわたって質問責めにした後、無視したのではないかと。それは、二度と長塩守旦に発表の機会を与えない、そうした意味があるのではなかったかと。

ともかくこのような経緯で、私は「第六回史潮会」の資料を得た。この史料から引用する。佐藤慎一郎の「秘密報告書」の一部が語られている。

長塩　例の朝日新聞の関係なんですけれども、〔佐藤慎一郎は〕「後藤基夫編集局長は田中内閣ができる前、二月に広岡知男朝日新聞社長と北京に行った。そのとき一〇〇万円の餞別を児玉誉士夫からもらっている。広岡社長と後藤基夫が北京で約束してきたのは、佐藤内閣を倒して田中内閣をつくらせるため、中共と朝日は協力するということ。田中内閣ができたら、直ちに台湾を切り捨てて日中正常化をやるという約束をしてきた。広岡と後藤は帰国してそのとおり、朝日の全紙面を割いて毎日毎日佐藤内閣の悪口、田中角栄の宣伝をやって田中内閣を実現させた。朝日の社内報に後藤基夫は、田中内閣をつくったのは朝日の力だとはっきりと公言している。田中は中共と朝日のお陰で総理になれたことをよく知っている。後藤基夫は帰国と同時に田中と会っている。中国と約束したことをそのまま田中に承知させた。それで田中は総理になると、約束通り台湾を切り捨てて日中国交回復をやった。

その後藤基夫が北京に行くときに、児玉誉士夫から一〇〇万円の現金をもらっている。これは今度のロッキード事件が発覚したときに、児玉誉士夫の帳簿を調べたときに確認されている。これと同じようなことが十数年前、社会党浅沼稲次郎が北京に行くとき、児玉誉士夫からたくさんのカネが渡されている。浅沼が北京で、米は日中共同の敵だと発表した。児玉誉士夫が中共の工作員だということ以外に説明できぬ、これは問題である」と。

以上は、長塩守旦が「第六回史潮会」の席で佐藤慎一郎の「秘密報告書」の一部を読んでみせた模様である。この会のリーダー格は西尾幹二である。その西尾が「秘密報告書」に疑問の声を上げると、長塩守旦は続けて次のように答えている。

長塩　この中の報告では、児玉はアメリカと中共のダブルスパイである。アメリカは、児玉が中共のスパイであるということを知りながら使っていた、ロッキード事件までですね。

〔中略〕

「朝日新聞社がロッキード事件で田中角栄と全日空・ロッキード社と組んでトライスターを買うことに積極的に動いた事実が発覚している。その見返りの意味も含めて、東京の築地の約一〇〇〇坪の土地を田中から払い下げてもらった」。こういうことも〔佐藤慎一郎の秘密報告書に〕書いてある。

読者はこうした報告書を読んで不思議に思うかもしれない。どうして佐藤慎一郎は、誰も知りえない情報を知りえたのかということである。

一つは彼の探究心によってである。佐藤慎一郎は、国家から一銭の金ももらわずに、赤貧洗うがごとき生活を続けた。そして絶えず香港に渡り、深夜、香港の港で釣り針を垂れていた。

そして共産中国から逃げてくる難民を救い、親身に彼らの世話をした。その難民の一部が日本へ来て、彼のもとに情報を流した。その彼らから金《カネ》にまつわる極秘情報を得たのだ。また、かつての満洲時代に知り合った連中が中国共産党の幹部になっていた。その連中からも、中共の情報が入ってきた。こうして膨大な情報網が自然と誕生していったのである。また、日本に関する極秘情報も中共政府の関係者から彼のもとへ伝えられた。国家の未来を憂える人々が、中国と日本という国境を越えて交流しあっていたのである。

では、平成の今日、佐藤慎一郎のような学者はいないのか。残念というべきか、日本の学者たちは浅学者である。否、学者ですらない、と断じてよい。一定の知識を蓄えて、それを売り込んで生き長らえているだけである。

また、別の角度から、佐藤慎一郎が中共から秘密情報を得た方法について、『別冊正論』で長塩守旦は次のように語っている。

長塩　佐藤先生はどのようにして、このような内部情報を得ていたのか。一つは戦前、中国での情報工作に従事した関係で、その人間関係が戦後も続いていたことがあると思います。

佐藤先生は昭和二十二年八月頃、大陸から佐世保に帰ってきた。ところが日本に帰っても自分の家族の元には帰らずに、敗戦で中国国民党や中国共産党のデタラメな裁判にあって無実の罪を着せられて投獄されている日本人を助けるために毎日のように旧厚生省の窓口に通ったわけです。それから中国で収監されている日本人の状況や銃殺になった日本人の最期の模様を遺族の方々に知らせるため全国を回っていました。

入国管理局にも頻繁に行っていました。当時、日本に協力した中国人が大陸から続々と逃げてきたのですが、彼らは入管法違反で身柄を拘束されていた。そこで「日本に協力した中国人をなぜ日本政府は投獄するんだ」と言って彼らの解放に全精力を傾けていたのです。そうした関係で戦後も、中国大陸や香港から来日する中国人たちが頻繁に佐藤先生のところを訪問し、マスコミでは知りえない内部情報を得ることができたわけです。

今、佐藤慎一郎を知る人はごくごく少ない。彼の著作を読む機会もほとんどない。インターネット上では彼の一族の逸話が伝えられているものの、彼と田中角栄の関係を記した本は一冊もない。唯一、『別冊正論』がほんの少しだけ、彼の断片を伝えるのみである。読者は、この本を読むにつれて、田中角栄に真っ向勝負を挑んだ男を知ることになるだろう。

もう少し、佐藤慎一郎について書く。やはり『別冊正論』での長塩守旦の証言である。

長塩　佐藤慎一郎先生の手帳に小野政男氏の名前が初めて出てくるのは、昭和三十三年一月のことで、「第一ホテルで会った」と記されています。以来、毎月、銀座の小料理屋で佐藤先生が小野氏に中国情勢を報告し、小野氏が他の協力者の情報とあわせて「報告書」を作成していたようです。

小野政男は警察官僚であった。山口県警本部長に就き、山口県選出の衆議院議員・佐藤栄作と知り合い、佐藤首相への「秘密報告書」を作成するようになる。この「秘密報告書」は一九五八（昭和三十三）年ごろから毎月、手書きで限定七部だけ作成され、外務省や警察のＯＢがその作成に協力した。中国問題については佐藤慎一郎が担当した。

長塩守旦が入手した「秘密報告書」は、前述したように、一九七九（昭和五十四）年十二月から一九八四（昭和五十九）年三月までの報告書である。私はこの「秘密報告書」を基に本を書こうと思った。そして、『別冊正論』を一部参考資料にしつつ、佐藤慎一郎の主張を手に入る資料を基にして描こうと思うに至ったのである。

この章を終えるにあたり、朝日新聞の一九七二（昭和四十七）年七月七日付朝刊「社説」の一部を記すことにする。

長い間、国民の多くは、政治の変化を期待することの空しさを感じてきた。しかし、いま田中首相の登場を迎えて、変化への予感と期待がよみがえろうとしている。新首相が持つ、内外の情勢に敏感に反応する若さの可能性や、門閥や学閥と無縁の庶民的個性が、これほどの新首相登場に、単なる政権担当者の交代にとどまらない政治一新の発芽が期待されるのである。

この一九七二年七月七日、第一次田中内閣が発足した。

続いて七月九日、周恩来は「田中内閣の成立を歓迎する」と演説した。

【第2章】

田中角栄、周恩来にまんまと騙される

飛んで火に入る角栄訪中

倉前盛通《くらまえもりみち》の『悪の論理』が出版され、ベストセラーとなったのは一九七七（昭和五十二）年のことだ。倉前盛通は地政学者であり、世界の紛争を中心に世界情勢を分析した学者である。その三年後、続編である『新・悪の論理』（一九八〇年）が出版された。倉前は次のように書いている。

一九六九年三月二日、まさにベルリン封鎖が実行されようとするその朝、極東のウスリリー河の中州、ダマンスキー島（珍宝島）で中ソの武力衝突が発生した。この武力衝突のため、ベルリン再封鎖計画は一挙にけしとんでしまった。ダマンスキー島で中共軍と衝突したソ連の部隊は秘密警察に属する国境警備隊であった。秘密警察は約五十万の軍隊をもっており、これは主として国境警備隊や、重要施設、クレムリンの警備などに当たっているが、ダマンスキー島で中共軍と撃ち合った部隊が赤軍でなく秘密警察の軍隊であったことを一般の日本人はほとんど知らされていない。

また、倉前盛通は次のように書いている。

ダマンスキー島事件による死傷者の比率は中共軍とソ連軍では二百対一であったという。この衝突によって急遽ヨーロッパ方面から九個師団の兵力が極東へ送られた。ダマンスキー島事件以前中ソ国境に展開していたソ連軍の兵力は十五個師団であったが、それが一挙に二十四個師団に増強された。そして〔一九〕七〇年三月にはもはや中ソ国境におけるソ連軍は三十個師団に増強され、一週間で満州を制圧する体制を完成した。

このような中ソの武力衝突が一挙にソ連と西ドイツの和解を促進し、西ドイツとソ連は戦後、二十数年ぶりにようやく和解が成立することになった。しかし、その反動としてシナ共産党は、ソ連の脅威に対抗するため、急遽アメリカおよび日本に接近し、ニクソンと田中角栄の両氏を北京に招き米中接近、日中接近の実をあげようと努力することになる。

朝日新聞社長の広岡知男や、LT貿易で利益を上げようとする日本の実業家たちを周恩来が迎え入れたのには、このような背景があったのである。しかし、アメリカは、世界の情勢をしっかりと把握して対中共政策を立てていた。アメリカは一九六四年からの約十年間、ベトナム内戦に介入していた。だが最終的に一九七五年にベトナムから完全撤退する。ベトナム戦争における敗北を認めたのであった。リチャード・ニクソンは大統領になったときに、ベトナム戦争の早期終結をアメリカ国民に約束した。ニクソンが中共を電撃的に訪れたのは、ベトナム戦争終結への手段の一つであった。

アメリカには「台湾関係法」(Taiwan Relations Act　略称、ＴＲＡ)という特殊な法律がある。これは、国民党の支配する台湾とアメリカの間には事実上の正式の外交関係が存在するということである。つまり、アメリカは北京と台北の二つの政権を同時に承認し、同時に国交をもつことができるということである。日本には、アメリカが作った「台湾関係法」に類する法律はなかった。

一九七一(昭和四十六)年七月十五日、ニクソン大統領は全国民に向けて訪中を発表した。日本政府への通告はその発表のわずか三十分前であった。ニクソンにまんまと裏切られた佐藤内閣は、遅ればせながら対中接近を模索し始めた。

佐藤内閣の外相だった福田赳夫は、日中関係の改善を求める自民党幹事長・保利茂の意見に同意を示した。保利茂は周恩来宛ての「保利書簡」を、訪中する東京都知事・美濃部亮吉に託した。

この保利書簡は十一月十日、美濃部から周恩来に手渡されたが、周恩来は「佐藤さんのような考え方では、日中の国交の正常化は不可能である」と取り付くしまもなかった。周恩来は、朝日新聞社長の広岡知男を通じて、水面下で田中角栄と交渉していたからである。

佐藤首相も福田外相も、そして保利幹事長も、この事実を全く知らなかったのであった。服部龍二の『日中国交正常化』（二〇一一年）には当時の状況が次のように描かれている。

美濃部は、「周さんが佐藤さんを非常にきらいでね、非常にきらいであるということから、そのことばも悪意にとったんじゃないかという気がしましたんですね」と振り返る。「ぼくの受けた感じは、佐藤さんじゃだめだと。何を言ってもね。佐藤さんじゃあ成功しないという感じを受けましたね」。

周からすれば、佐藤が国連で台湾を守ろうとした記憶は生々しく、政権交代なくして日中国交正常化はありえないと決めていた。

右の文章を読んで分かるのは、昭和のかつても平成の今も、日本の政治家たちが未来へのデザインを何も持っていないということである。日本はどうあるべきか、その確たる政策を持っていないということである。

一九七二（昭和四十七）年二月、ニクソンはキッシンジャー安全保障担当補佐官を引き連れて北京に毛沢東と周恩来を訪問する。J・K・フェアバンクは『中国回想録』（一九九四年）の中で、ニクソン訪中をこう評している。

　思えば、過去数千年の間に、何百人という外国の君主が、武装して「気をつけ」をして立っている中国の儀仗兵の何マイルという隊列の前を歩いて中国の皇帝に拝謁しに行ったのである。二月二一日の空港における閲兵は、一瞬、アメリカ国王が中国朝廷に礼を尽しにやってきた朝貢儀式の行列であるかのようだった。

　ニクソンとキッシンジャーは周恩来に何を約束したのか。ベトナム戦争に中国を深入りさせる代わりに、アメリカ兵向けのヘロインの大量納入を認め、アメリカ本土への密輸も認めたのである。そしてまた、ソ連の満洲侵入を公式に非難することを約束した。また、中共の国連加盟も認めた。アメリカと中国はギブ・アンド・テイクの方式を採用した。台湾はかくてアメリカの保護を受け、今日に至っている。

　日本ではどうか。ひたすら経済的利益を優先する思想、俗に表現するならば、金儲けのために中共政府に媚《こび》を売る思想が流行したのである。

　季刊誌『満洲と日本人』（第七号、一九七九年）に、佐藤慎一郎は「ハルビンの魔窟・大観園実見記―淫楽の夢から吸血の鬼へ―」を寄稿している。その最終部分に、佐藤慎一郎は次のように書いている。

中共はいま、熱河《ねっか》〔現在の河北省、遼寧省及び内モンゴル自治区の交差地域〕と蒙彊《もうきょう》〔内モンゴル自治区中部の旧綏遠《すいえん》・チャハル両省などにあたる地域〕の阿片を完全に押えている。ことに熱河の阿片は良質であり、そのモヒ〔モルヒネ〕含有量は一二パーセント(ペルシャ阿片のモヒ含有量は八パーセント)であり、満洲国時代は一千万両(一両は五〇グラム)前後を産出していた。現在の生産量は不明であるが、中共ではさかんに塩酸モルヒネを製造している。私の知人は、はじめ石家荘で、後に北京で、中共政府のモルヒネ製造に従事していた。ただ、国内における麻薬、阿片の消費はぜったいに禁止している。

ニクソンとキッシンジャーが訪中して、中国共産党に外貨を獲得する〝秘策〟を授けたのである。かつて旧日本軍は特殊工作のために阿片と麻薬を利用した。とりわけ熱河地方は日本が力を入れた麻薬の産地であった。ニクソンがアメリカに帰ると、中共は国策として麻薬製造に乗りだし、対外貿易部のルートで、香港からオーストラリアを経由して、アメリカへと密輸した。キッシンジャーは後に、「キッシンジャー・アソシエーション」という自分の会社を上海に設立し、中共の麻薬輸出を助けたのである。

毛沢東は大躍進政策、人民公社政策、そして文化大革命と重なった失政で、五千万人とも七千万人ともいわれる死者（殺人、餓死者など）を出していた。かくて熱河地方と雲南地方で大量に製造される麻薬が、田中角栄が中共を訪れようとする時期の、まさに唯一といっていい、外貨獲得の手段であった。かの時、中共は国家として、ほぼ倒産状態にあったのだ。日本人がやってきて、円を恵んでくれるのを熱望していたのである。

稲山嘉寛の『私の鉄鋼昭和史』から再度引用する。


〔昭和〕四七年八月、田中首相の訪中によって調印された「日中共同声明」が発表される一カ月前、私は中国アジア貿易構造研究センター訪中団の団長として中国へ向かった。富士銀行の岩佐凱実会長、日立製作所の駒井健一郎会長、出光興産の出光計助会長、三井物産の水上達三相談役らである。日中間の国交正常化が間近に迫っていたときだけに、私としては、その先導役として重い責任を感じていたが、私たちの訪中の目的は、正常化後の日中貿易の在り方、拡大の方向をさぐることであった。

ほぼ二週間にわたる周総理ら中国首脳たちとの会談の結果、鉄鋼、肥料などの長期輸出契約と、中国原油の輸入などが取り決められ、大きな成果をあげた。とくに、このときに技術協力の話が具体化し、中国が建設する「武漢製鉄所」への支援も頼まれた。具体的には武漢に珪素鋼板と連続熱間圧延を建設するについて、設計、技術、機械、操業指導を日本側が行なうというもので、新日鉄と川崎製鉄の二社が参加した。詰めに時間がかかったが、〔昭和〕四九年六月には正式調印した。

読者はこの稲山嘉寛の文章を読んで、どのように思われるであろうか。この文章の続きは後述することになるが、田中角栄が訪中して「日中共同声明」を出す一カ月前に、すでに中共政府と日本の財界との間に、「日中共同声明」以上の具体的な動きがあった、ということである。円もドルもない中国が、国内で騒乱が頻発し、餓死者が大量に発生している中国が、日本との間に、長期輸出入契約を結ぶというのはとても信じられないことなのである。しかも、この契約が結ばれたのは、正式に国交が正常化する以前であった。後述するが、日本側は莫大な出費を中国側に約束していたのである。

LT貿易はほぼ破綻していた。中国側が日本へ支払うべき、円やドルが底をついていたからである。周恩来と稲山嘉寛たちは、この問題をどうにかして解決し、また新しい事業を推進すべく、秘密の事業計画を練っていたということになる。

田中角栄はまさに中共政府にとって、これ以上にない、使いやすい政治家であったということである。

倉前盛通は『新・悪の論理』で、田中角栄について次のように書いている。

田中角栄氏のやり方はキッシンジャーやニクソン大統領のいかにも悪党らしい駆け引きにくらべて、あまりに無原則で、先方の思うつぼにはまった形に終わってしまった。このあたりに田中角栄という人物のお人好しさ加減、世界戦略に対する無知さ加減がさらけ出されている。

もちろん、共産シナに関しては、日本の大新聞社が筆をそろえて、必要以上に礼賛美化するという報道管制をこの十年来敷いてきた。これは自民党の代議士の二、三の者が、北京の権力者と結託して、日本の新聞を検閲し、共産シナに都合の悪い報道はいっさいいたしませんという一札を入れさせることによって、はじめて北京への特派員の駐在が認められるという、わが国の歴史上最も恥ずべき取り引きを行ったことに原因がある。おどろくべきことにそのときのヤミ取り引きの交渉役になった人間の一人が第一次大平内閣の法務大臣の椅子に納まった。筆者はこの人事そのものに不審の念を抱いている。

この本は一九八〇（昭和五十五）年に出版された。第一次大平内閣の法務大臣の椅子に納まったのは、自民党親中派の衆議院議員、古井喜実《ふるいよしみ》である。

一九七六（昭和五十一）年七月二十七日、田中角栄前首相は外為《がいため》法違反容疑で逮捕された。しかし、影響力を削がれることのなかった田中角栄はキングメーカーとして政界に君臨し、一九七八（昭和五十三）年十二月に大平正芳を総理の座に就けた。そして古井喜実を法務大臣にするよう大平を説得する。この件は後述する。

ここでの問題は古井喜実である。彼はＬＴ貿易の日本側の支配者となり、中共側の廖承志《りょうしょうし》と懇ろに組んでいた。だが、このＬＴ貿易は、田中角栄が首相になる前にすでに破綻しかけていた。そこで両者は、より大きな取引へとＬＴ貿易を発展させるべく動いた。その動きに、朝日新聞、そして毎日新聞が協力したというわけである。

すべては一点に集中していた。金《カネ》がなければ、他所《よそ》から盗めばいい。それが日本という国家であったということである。毛沢東と周恩来は見事な計画を立て、田中角栄という政治家を日本の首相にすべく、早い時期から準備工作をしていたというわけである。田中角栄が「日中国交正常化を実現した」という〝神話〟を創造したのは毛沢東と周恩来である。次項以降にこの神話について具体的に検討することにする。

田中角栄が訪中した後に、日本の商社や大企業が中国大陸に殺到する。倉前盛通は次のように書いている。

しかし、そのためには結局、日本の政府が金を出し、ということは、日本国民の税金の負担において共産シナへ金を貸し、その貸した金で物を売るということになる。しかし共産シナには借金を返済する能力はないので、結局、そのツケは日本国民の税金で弁償することになろう。

田中角栄が中共政府のもとへと慌ただしく出かけた結果、日本国民が中国の借金を肩代わりして背負ったということである。しかし、田中角栄はそれゆえにこそ、中国から莫大なリベートを手にしたのである。

このことは、佐藤慎一郎によって、初めて明らかにされた事実である。

『佐藤慎一郎先生三回忌記念「我が生涯は水の如くに」』はたびたび引用した。「総理大臣秘密報告」を最初にした日のことはすでに書いた。その最後の部分を引用する。

「佐藤さん。これは政府で出すんだから受け取って下さい」と、金一封を差し出した。「いや、お金は私、何も要りません」と言って、お断りしました。あのね、僕は、お腹が空いて空いて仕様がないんだ。ラーメンの二〜三杯でも食わしてくれりゃいいのに、食わせないでノートばかりとるもんだから、ね。お話がやっと終ってね、女将さんが料理を運んで来た。大きな皿にちょびっと盛って来るんだねえ、日本流というやつは。まあそれを腹一杯詰め込んだ。とにかく僕は帰りの電車賃が心配で、心配で気が気で無かった。そしたら立派な自動車に乗せてくれてね、送ってくれた。「毎月一回、お願い出来ませんか」と言われて、「こんな馬鹿話ならお話しいたしましょう」と、約束したんです。それが続きまして三二年三カ月、やりました。拓大におる間、ずっとやっておった。

この談話は、佐藤慎一郎、九十三歳のときのものである。この年の九月、彼は九十四歳で亡くなるのである。

私は佐藤慎一郎が田中角栄に正面きって、堂々と闘う姿を次項以降で描いていく。彼は貧乏に耐えに耐えた。この本が彼の伝記であったなら、その姿を描くことができる。しかし、彼の私生活を記す本ではない。だから、ここで打ち切りとする。

佐藤慎一郎は三十二年と三カ月間、「総理大臣秘密報告書」を書き続けたが、政府からただの一円も貰わなかった。だからこそ、田中角栄という怪物の正体を私たちに教えることができるのである。

増山榮太郎の『角栄伝説』(二〇〇五年)から引用する。

もちろん、〔昭和〕四十七（七二）年の総裁公選でも田中、福田、大平、三木の各陣営からカネが乱れ飛んだことは事実だ。そのなかでも、田中陣営からバラまかれた金額は、他陣営に比べて桁外れに大きかった。当時のカネで四、五十億円は下るまいといわれた。立花隆は、その著『「田中真紀子」研究』の中で「総裁公選では、一票二千万円として第一回投票で三十一億、決定投票二八二票で五十七億円。総額八十億円以上」という数字をはじき出している。

この項はここで終わることにしよう。いよいよ、佐藤慎一郎の「角栄戦争」が開始される時が近づいてきたようだ。

ニクソンを招請した共産中国の肚《はら》の内《うち》

佐藤慎一郎は一九七九（昭和五十四）年に『毛沢東「万歳《ワンソイ》！」と「万砕《ワンツオイ》！」』を世に問うている。奥付には「限定五〇〇部」と記されている。ごく限られた人々に読んでもらいたいとの願いをこめた本であったろうと思われる。

この本の巻末近くに「昆明軍区政治部マル秘資料」が添えられている。この資料について、佐藤慎一郎はその流出経路について詳しく検討しているが、ここでは省略したい。ただ、彼はこの極秘資料を台湾ルートで入手したことを明かし、次のように書いている。

ここにある「昆明軍区政治部宣伝部」の秘文献が、どのようにして〔台湾の〕台北に届けられたかは、私には全く解らない。ただしこの秘文献は、某政府機関の最高責任者が百％の確信を以て、私にくれたものである。しかもこの文献は米国の某機関によって、その文献の紙質・印刷のインクなど科学的に分析した上で、中国大陸のものであることが確認されたものであるという。以下、文献の内容に触れてみよう。

私は佐藤慎一郎が入手した内容をそのまま引用することはしない。重要だと思われる部分のみをピックアップする。ここでは、一九七一（昭和四十六）年七月十六日の「ニクソン訪中」について記す。佐藤慎一郎は次のように書いている。

一九七一年七月一六日の「ニクソン招請」の新華社報道によって衝撃を受けたのは、ひとり日本だけではない。中国大陸で受けた衝撃にはより深刻なものがあり、それによってもたらされた思想的混乱は、内部の対立的傾向を浮きぼりにし、一連の権力闘争にまで発展しているもののようである。当時、在日中国人すら、「ニクソンの訪中発表は、米国が北京に原爆をぶっつけたようなものですよ。いまに大陸では大事件が起りますよ」と語っていた。果してそれから五十日後、ニクソン招請に反対したと見られる林彪《りんぴょう》の叛乱事件が勃発している。林彪がソ連修正主義に投降して、「門戸を閉ざして自らを守る」ことを主張した売国的路線を選んだとして、現在、攻撃を受けているのがそれである。

以上がニクソン訪中に関する佐藤慎一郎の解説である。以下は、中国共産党中央委員会から下部機構（昆明軍区もその一つ）への「ニクソンの北京訪問に関する通知」である。

①　ニクソン招請については、中央の同志の一部には意見の相違があったが、最後には一致して決定に同意した。

②　ニクソン招請は、反米闘争の他の一つの形式であって、反米闘争の方針にはいささかも変動はない。

③　ニクソンの招請はニクソンの方から要請したもので、彼の方から膝《ひざ》を屈して和を乞いにやって来るものである。しかもそれは米帝の中国包囲政策の徹底的破産を意味するものである。

④　ニクソンの招請は、ソ修〔ソ連修正社会帝国主義〕を孤立させるための戦略的布陣である。現段階の中ソ間の矛盾は、対外関係上、最も重要な対抗性の矛盾である。ソ修はわが国に対して、常時、核攻撃の準備をしている。もし米ソが同盟すれば、狂暴になることは明らかである。ニクソン招請によって米ソの結託をこわすことは、ソ修の侵略的野心に対するきびしい打撃である。

⑤　ニクソン招請は、帝国主義陣営の根本を動揺させ、米帝とその従僕国および傀儡《かいらい》集団の矛盾を深化させ、共産主義の全世界における勝利を有利に導くものである……。

以上が「昆明軍区政治部マル秘資料」の主要な内容である。簡単に表現するならば、「ソ修（ソ連修正社会帝国主義）は米国の帝国主義より悪辣《あくらつ》であるから、米帝と結んでソ修と闘う」ということである。満洲国境地帯に集結しているソビエト軍が怖いので、アメリカになんとかしてくれと頭を下げるから、お前ら諒承しろ、ということである。

それを覆い隠すために、ニクソンは中国に白旗を揚げて投降するために北京にやってくるのだと、毛沢東と周恩来が下部機構の幹部たちを説得するために出した通達が、この秘密文書である。佐藤慎一郎は次のように書いている。

ニクソン招請の真意は、それによってソ連の圧力を緩和し、力を集中して国内の反対勢力を鎮圧し、無産階級司令部内の分裂を防止しようとしているのだ。このような米帝と結びソ連に反対するやり方は、国際共産主義の原則に反するばかりでなしに、まして帝国主義の力を借りて内部が直面している問題を解決しようなどとは、全く売国と同じ馬鹿者である。要するに個人的権力者、マルクス・レーニン主義の謀叛人だけが、帝国主義との合作を主張しているのだ。その結果は亡党亡国の災禍をもたらすだけだ……と、痛烈な反論が起きているようである。とにかくニクソン招請の発表を聞いた一般大衆は意外のことに感じ、党員と各級幹部は茫然とし、真剣な革命の同志は無限に憤慨し、人民解放軍内では議論紛々としていると伝えられている。

結局、ニクソン招請は、劉少奇《りゅうしょうき》らよりももっと右傾機会主義思想ではないか。それなら「文化大革命中、劉少奇派として批判打倒された幹部を、即時、釈放すべきだ」と、最初は陰湿な抵抗から後には公然とした根強い要求となり、ついには政府も劉少奇派として批判打倒した大量の幹部を、釈放復職させざるを得なくなったもののようである。

ニクソンの電撃訪中ショックが日本を襲ったが、日本のマスコミも政治家も、ニクソンがどうして訪中したのかを冷静に分析して対策を練った形跡は全くない。ただただ慌てふためいて、アメリカに追いつけ、追い越せ、という声が上がっただけであった。

佐藤慎一郎の分析を通して、平成の今ごろになって改めて私たちは、ニクソン招請の歴史的意味を知ることができる。佐藤慎一郎は同書で、中国共産党政府の正体について次のように書いている。

ここ数年来、伝えられる中共の社会的混乱や政治的危機というものは、単なる天災、政策指導の不手ぎわ、規律の弛緩などによって生じてきたものではなく、実質的には、何ものにも替えられない五千年の誇りある民族の伝統、文化の個有性が、外ならぬ中共の指導者たちによって抹殺されつつあることに対する民族的抵抗によってもたらされているのである。中共の社会的混乱とか、政治的危機とかは、民族主義の反発の前に階級独裁が動揺しはじめている姿であるともいえるのではあるまいか。すでに現状は、中共が、もはやあの巨大な中国民衆の根強い民族的反発にあい、それを無視できない状態にまできているといえそうである。

中共の今日最大の課題は、国際共産主義運動の統一を図るよりも、こうした国内の危機をのり切ることである。

中国共産党政府が中国民衆の根強い反発に遭っている姿など、私たち日本人は、あの田中角栄の訪中の際に想像したこともなかった。

毛沢東にとっては、七億五千万（当時）の民を擁する中華人民共和国の指導者になったことなど、どうでもよかったのである。彼は「世界の指導者・毛沢東」を意識していたのである。

毛沢東は論理の人ではなく、行動の人である。思想の人ではなく、革命家である。毛沢東の悲願は「農業国から工業国へ」であった。そこで彼は「人民公社」なるものを創った。そこで農民から徹底に収奪した。農民は生産意欲を失った。農業生産高は激減し、ついに中国の農村は壊滅してしまった。毛沢東は一九五八（昭和三十三）年十二月、国家主席を辞任しなければならなかった。その代わり、工業は伸びた。毛沢東から劉少奇へと国家主席が替わった。劉少奇は労働組織および党組織を立て直した。

毛沢東の人民公社、大躍進政策の失敗によって崩壊の危機に瀕した中国経済を立て直したのは、劉少奇一派の経済優先主義だった。毛沢東はすべてを失っていた。しかし、一つだけ新しい資本が生まれていた。それは政権掌握以来の十七年間、ひたすら野望を託してきた青少年であった。毛沢東はこの子供たちを利用したのである。世にいう「文化大革命」である。毛沢東は青少年を紅衛兵《こうえいへい》として動員したのである。

田中角栄が訪中しようとしたのは劉少奇一派が中共政権から追放されていた時期だった。日本の政治家も、マスコミも、中国経済が崩壊寸前であったことを知らなかった。否、知ろうとさえしなかったのである。

この項の最後にもう一度、倉前盛通の『新・悪の論理』から引用する。「中共とは何か」を知ることができる。

北京の共産政府が外貨不足で困っている一例として、次のような事実がある。共産シナの大使館員がアメリカへもち込む外交行李《こうり》の中に麻薬があることは、アメリカの税関の麻薬探知機で明瞭に感知されているにもかかわらず、外交関係の悪化を恐れてアメリカはこれをあえて摘発しようとしていないと報じられている。このことは、あるいはアメリカの麻薬をとり仕切っているマフィアとアメリカの政治家との間に何らかの取り引きがあるためかもしれない。

私はこの麻薬の件はすでに書いた。中国が麻薬をアメリカ国内に持ち込むことはニクソン訪中での一つの約束事であったのである。別に驚くべきことではない。しかし、倉前盛通の次の文章を読んでほしい。田中角栄訪中の謎を発見できる人は、すでに田中角栄の正体を半ば見破った人である。

だが、少しぐらいの麻薬を密輸出したところで、日本から輸入しようとする膨大なプラントやその他の経済協力関係資金を、共産シナが返済することは至難の業である。それゆえ、いずれ共産シナへの援助はすべて焦げ付いて日本には返ってこないと覚悟しておくべきである。

何よりも許すべからざることは、日本の政治家も実業家も共産シナへの援助がかならず焦げ付くであろうことをちゃんと見通しているにもかかわらず、しきりに輸出に精を出していることである。これは、もし焦げ付いたら国民の税金で補償させようというたくらみを最初から腹の底に秘めているからである。
　このような不誠実な行動こそマスコミが最も厳しく監視し、糾弾すべきであるにもかかわらず、日本のマスコミはこのような風潮を煽動こそすれ、警告を発する勇気もなければ見識もない。

倉前盛通は、田中角栄の秘密を知り尽くして書いているように思えてならない。田中角栄にとって、彼の眼前で動く風景はすべてが金《カネ》で換算されてきた。そこに例外は存在しなかった。一代で数百億円の資産を築きあげ、総理大臣の地位に就いた。そして眼前に、対中貿易という金のなる木が登場したというわけである。金がまったく無い国家ほど、田中角栄にとって都合のよい国家はなかったのである。

●──台湾切り捨てを煽った日本のマスコミ

田中角栄が訪中したのは、一九七二（昭和四十七）年九月二十五日である。その四日前の九月二十一日、佐藤慎一郎は「『田中訪米に注文する』国民集会」で演説した（東京・日本青年館）。この演説の全文は『佐藤慎一郎先生三回忌記念　日中提携してアジアを興す』に掲載されている。以下、本文と私の注釈を交えて記すことにする。

私〔佐藤慎一郎〕は最近、香港に一カ月、それから台湾に行って帰ってきました。あれこれ心配しながら帰ってきたところが、案の定、台湾の人々の声は日本に一つも伝えられておりません。台湾の人々の声が伝わっていないどころではありません。日本に帰ってみると、ちょうど国民党中央常任委員会の張定樹秘書長が来日中でした。この方は田中総理の幹事長時代の友人で、田中幹事長自らが大阪の万国博をご案内したほどの仲であります。その人が日本にきて、田中首相に対し、政治問題を抜きにして総理就任のお祝いだけをひと言のべさせてくださいと、三回面会を申し込みましたが、拒否されました。会わないのです。大平外相も会わなかったのです。ところが、この田中さん、大平さんは同じ頃、中共の舞劇団の団長とは帝国ホテルで面会しておるのです。そして、ニコニコ握手しておる写真が新聞に大きく載っております。しかも、この孫平化《そんへいか》という団長は中共における防諜・謀略の大将でして、聞くところによりますと、その孫平化との会見の八月一五日、田中首相たちは約束の時間前にいそいそとホテルに行って待っておられたそうですが、孫平化のほうはどうしたかというと、いったん帝国ホテルの門まできてから、時計を見ながら、自動車をもういっぺん回せと言って、三回ばかり銀座周辺を回し、わざと遅れてホテルに入ってきて、「やあやあ」ということで会見をしたというのであります。この孫平化という人は、たぶん宮本武蔵の故智にならったのでしょうが、とにかくそんな状況なのです。

この孫平化という人物について少しだけ書いておきたい。

中国共産党は戦前から日本国内に地下人脈をもっていた。戦後もこの連中は生き延び、「日中友好活動」を続ける。この組織の中国側の代表格が孫平化だった。彼は二十歳のとき日本に留学している。日本の中枢部は戦前から完全に中共の浸透工作に侵されていた。この孫平化は尾崎秀実や昭和研究会に連なる人物である。田中角栄も大平正芳も、そのような背景を何も知らなかった。続けて読んでみよう。

香港で私は、毎年大陸から脱出してくる中国人について調査していますが、今年はここ一〇年らい最高の逃亡者数です。私が香港にいた翌々日には、一挙に二百何十名の者が逃亡しております。しかもこれは毎日数十人から二〇〇人くらい――香港政庁が捕えた人の数で、逃亡者の実数はこの四~五倍にも達するとみられます。また今年、香港に流れついた死体――鉄砲弾にやられたり溺死したりしたもの――は七月二八日現在で六〇余体を数えます。結論的にいうと、現在の大陸には何かが起こっているということであります。〔中略〕

中華民国の蒋介石総統は終戦後に、ご承知のように、「恨みに報いるに徳をもってせよ」という言葉――これは老子の言葉ですが――をもって、日本人に善処するよう全国民にラジオで布告しております。

そしてカイロ会談においては、衆議を徴して日本の国体護持に尽力されております。また、ソ連が北海道を占領しようとしたのを、中華民国は早々に張群秘書長を日本に寄越して、そうして自らの日本占領の権利を放棄して、アメリカ一国に日本の占領を委ねたのであります。そのために日本は、二つの日本に分裂することを免れたのであります。

そのほか、対日賠償請求権を放棄したことや、あるいは二〇〇余万の日本の軍民をわずか七カ月間で日本に送り届け、そうして日本の復興に参与せしめた等々のことは、みなさん方とっくにご存じのことと思います。

こうした中華民国との関係を、田中角栄と大平正芳は「自然解消」という言葉を使い、消し去ろうとする。言葉とは裏腹に、それはまさしく人為的な解消であった。田中角栄は、自由諸国圏に属する中華民国を切り捨て、日本社会を根底から転覆しようとする日本革命を志向する中華人民共和国と手を握ろうとしていた。続けて本文に返ろう。

そういう中華民国でありますけれども、田中内閣が成立してから日本の数々の無礼な態度にはさすが我慢できないものとみえ、ふつう中国人はそういうことを決していわないのでありますが、何応欽《かおうきん》将軍がこう申しております。「逆境にあった日本に大きな恩恵を施したことのある中華民国が、いま井戸に落ち込んだ状態にあるのに対して、日本は石をぶっつけようとしている。恨みに報いるに徳をもってした中華民国に対して、日本は徳に報いるに恨みをもってしようとしている。日本の国家的道義が失われ、執政者の人格の尊厳もまた完全に地を払おうとしている。田中首相がこのような信義のない行動を断固としてとらぬよう希望する」と切々と訴えております。

田中首相と大平外相は一九七二（昭和四十七）年八月三十日、ハワイのホノルルで、ニクソン大統領と会見した。ニクソンは田中角栄に「あなたは近く北京を訪問されるが、日中関係の将来をいかに評価しておられるか」と問うた。これに対し、田中角栄は「結論からさきに申し上げると、まず、日中国交回復により、日米関係が不利益を蒙ってはならない。日中国交の恢《かい》復《ふく》は最終的には米国の利益につながりうると考える。問題は台湾である」と答えた。

これに対してニクソンは、「台湾の経済的自立性の保全は米国として重要視するところであり、上海コミュニケでもおわかりのとおり、米中が〔台湾問題で〕不同意に同意をした。米国は台湾の経済的自立のためできる限りのことをする方針である」と言ったのである。

田中角栄も大平外相もニクソンの「台湾擁護論」を無視したのである。台湾切り捨ては、すでに決定していた事項であった。佐藤慎一郎は、「世界的視野から台湾問題を見よ」と、田中首相と大平外相に迫るのである。講演録から引用する。

いま、全アジア民族、いや全世界の人々が日本の北京接近に注目しております。これは、日本の世界に対する国際信義が問われておるのであります。国際信義を守るためには、中共との二回、三回の断絶は当然覚悟してすべきであろうかと思います。少なくとも、そのような態度こそが、全大陸民族ならびに全アジア民族に感動と信頼を与える根本であろうと私は信じております。

日中正常化を願わない日本人は、おそらくいないでしょう。しかしながら、現在の日本における日中接近のムードは、政治的に作意されたムードであります。作られたムードの中で行なわれた日本の過去の外交をご覧ください。これは歴史に禍根を残すものであると私は心配しております。

たとえば、日本の新聞の偏向がしばしば問題になっておりますが、「日中記者会」というものが昨年一二月に結成されております。これは朝日新聞の二四名を筆頭に、読売、毎日、サンケイ、NHK、共同通信など各社八五名の記者たちが加盟しておりますが、その会則をみますと、周恩来が日本に示した三原則をそのまま自分たちの使命として謳っているのであります。こういう人々によって毎日書かれる中国問題の記事が偏向するのは、当たり前だと思うのです。こうしたことは、報道機関の責任、役割を越えた政治活動ではないか。日本のマスコミはすでに中共に支配され、操縦されております。

周恩来が日本に示した「政治三原則」とは、(一)中国を敵視しない。(二)「ふたつの中国」をつくる陰謀に加担しない。すなわち、台湾の中華民国を「中国」と認めない。(三)両国の関係正常化を妨げない、であった。この原則が日本の報道各社の「順守すべき原則」とされたのは、一九六八（昭和四十三）年三月、LT貿易から「覚書貿易」へと移行した年であった。朝日新聞をはじめ、NHK、共同通信もこの「政治三原則」を受け入れたのである。そして、記者交換協定も改定された。続けて読んでみよう。田中首相批判が見える。

そういう状況で、現在日本では財界、政界間でも直接北京の言葉で動かされるような状態になっているのであります。現在、その革命工作の直接対象は田中総理になっておるわけですが、田中さんが首相になられてから、私たちに示したものは「日本列島改造論」であります。毛沢東も周恩来も、この人たちは独特の世界観をもち、世界革命の謀略をもち、そして世界を相手に政治をしてきた人たちであります。彼らが日本に期待するものは、日本列島の改造ではありません。日本列島の総造反であります。

自民党のある方、盛んに北京詣《まい》りをするお偉い方が、羽田かどこかで、われわれの努力によってやっと中共があの態度を変え、日本もやっと北京に接近する状況が生まれて非常にうれしい、ということを得々として声明しております。こうした中国と中共の区別もわからないような人々によって日中接近がはかられておること自体に、日本の悲劇があるのであります。

自民党のそういう北京詣《もう》での人々によってその対日政策を変えるほど、毛さんも周さんもモーロクしておりません。中共が対日態度や対米態度を突然変えたのは、彼がニクソンや田中さんの思想に共鳴したからでは決してありません。中国にとっては本来、田中さんのような一世一代で大金持になったような人は、反革命分子で抹殺されるべき対象であります。

北京が田中さんを歓迎しているのは、中共が自分の革命の基本原則を貫くために田中首相を必要としておるからです。つまり田中首相は、中共の直接革命対象になったということであります。

右の文章を読まれて、「はて?」と読者は思うであろう。田中角栄を中国が迎える目的は何なのかを、佐藤慎一郎はどう考えているかということである。それは田中角栄から直接革命対象、すなわち「円」を、できうるならば〝無償〟で獲得するということである。このことは次項以降ではっきりとする。佐藤慎一郎は講演の場であるから、やんわりと間接的に表現している。続けて読んでみよう。

日中両国民族は当然提携すべきだと私は思っております。毛沢東政権だ、蒋介石政権だ、田中政権だ、というようなことは、歴史の過程における一コマにすぎません。日本民族と中国民族の問題は、いわば民族永遠の問題であります。

田中総理は日中国交を急ぐのあまり、民族存在の永遠性を忘れては困るのです。遠くをみてほしい。それも何十年も先のことではなく、三年後か五年後で結構なのです。大陸はほどなく変わるのです。やがて中国には新しい局面が開かれ、そのときになって初めて、現在いわれておるような周恩来の三原則だとか、四原則だとか、そういったわずらわしいことのない、ほんとうの日中提携ができる時代が必ずくるものと私は信じております。

佐藤慎一郎は急いで日中国交回復をすべきではないとする。相手をよく見極めろと説くのである。毛沢東と周恩来が田中角栄を迎えようとする〝真意〟は次項以降で説明することにする。続けて読んでみよう。

北京のほうが交渉を焦っております。だからといって、日本が調子を合わせて焦る必要は毛頭ありません。

つい先日、私の尊敬する中国の方をお訪ねすると、その方は、「米国が頭越しに行ったから、ワシは股くぐりでも何でもしてもぐり込もうという、そういった卑しい日本人の姿勢がわからない」とつくづく申しておられました。田中総理には、民族の前途を規制するような政治的な重大決定は、なさらないで帰ってきていただきたいのです。

北京へ北京へという、こういった大きな潮流の中で騒ぎ回るのは、なるほど華やかであります。しかし、それが利益や努力に集まるアリでなければ幸いです。道を守って永遠に生きようとすれば、一時の孤立はあるかも知れません。だからといって、一時の孤立を恐れて民族永遠の道義を失ってはなりません。

田中首相には、はかない一時の利害に誘われて民族永遠の生命、道義を忘れることのないようにしていただきたいものです。北京はいま田中首相を通じて台湾との約束を破棄させ、日本を背信、背義の国にすることさえできれば、とりあえずそれでいいのです。

人間の価値というものは、このように民族の混乱した時に、ほんとうに現われるものです。どうぞ田中さん、勇気を出してください。正々堂々と、正しいことは正しいとし、それだけを行なってくだされればよいのです。日本民族には、それ以外に正しい外交原則はないはずです。台湾にこだわりすぎてはならないが、台湾との約束は絶対に守らなくてはなりません。中国大陸の人々も、台湾の人々も、ともに中国民族であります。中国大陸の人々とほんとうの交流がしたいのならば、台湾の人々との約束と責任を絶対に果たすことです。国際信義を貫き通す、それ以外に日本民族の正しい道はない、これが私の結論であります。

長い講演のほぼすべてをここに記した。歴史は、佐藤慎一郎が正しいことを証明したと私はみる。しかし、間違いなく、今日においても、佐藤慎一郎の説に賛成する人はごく少数である。「田中角栄万歳！」説がまかり通っている。私はたとえ少数派でもよいと思っている。私は佐藤慎一郎の「国際信義を貫き通す、それ以外に日本民族の正しい道はない」に賛成する。

田中角栄と公明党の疑惑の動き

月日を少し、逆流してみよう。田中角栄が総理大臣になる前の一九七二（昭和四十七）年三月である。田中角栄の秘書であった早坂茂三の『政治家田中角栄』（一九八七年）から引用する。

田中は〔一九七二年〕三月、訪中した藤山愛一郎に中国側宛のメッセージを託し、彼の中国に対する認識を非公式に伝えた。さらに四月二十一日の深夜、大平正芳の仲介で田中は古井喜実と三人で会った。古井が有力な次期総裁候補である田中から中国政策を聞きだすのが会談の目的である。この席で田中は古井に「もし総理大臣になったとしたら大平君に外相になってもらい、日中打開に全力を尽したい」と胸中を打《ぶ》ち開けた。古井は五月十八日に訪中する。自民党総裁選挙を目前にして、田中・大平・三木三派連合が勝利した後の日中国交正常化交渉について、中国側と具体的に意見交換をするためであった。

古井喜実はＬＴ貿易、日中覚書貿易に深く関係する衆院議員であり、朝日新聞などの有力マスコミにも強く政治的圧力をかけていた。いわば、チャイナ・ロビーの筆頭格であった。私は古井喜実が五月十八日に訪中した時点で、田中角栄と周恩来の間における日中国交正常化の具体的内容がほぼ決定していたとみる。

しかし、ここで、とても信じられないことを私は書こうと思う。それは公明党の不思議な動きである。古井喜実が中国を訪問した五月に公明党は、二宮文造《にのみやぶんぞう》委員長を団長とする第二次訪中団を北京へ送っていることである。田中角栄はここでも出発前の二宮文造に周恩来総理宛ての親書を託し、総理になった暁には日中の国交正常化に取り組む決意であると、中国側に伝えている。周恩来は田中角栄を充分に利用できる人物と判断し、廖承志や孫平化らの諜報要人を動員し、作戦を立てるのである。田中角栄は全く無防備であった。

こうした中で、田中角栄は「憲法第九条を対外政策の根幹にし、中華人民共和国との国交回復をすみやかに実現し、アジアと世界の平和に貢献する」という基本的な考え方を打ち出した。この田中角栄の外交論（これが外交論といえるかどうかは別にして）に、三木武夫も大平正芳も賛成し、田中角栄を首相にすべく動きだすのである。これに中曽根康弘が仲間入りする。福田赳夫は、佐藤政権の外交政策から一歩も抜け出られなかった。この間の事情はすでに書いた。

田中角栄は朝日新聞という巨大マスコミの強力な援護を受け、世間の人気の面でも時代のヒーローとなった。

私がこれから書こうとするのは、田中角栄と公明党委員長竹入義勝との胡散臭《うさんくさ》い物語である。この物語は、服部龍二の『日中国交正常化』を基にし、私なりに解釈したものである。

竹入は一九七二年七月二十五日から二度目の訪中に向かった。そこで訪中直前に目白御殿を訪れると、田中角栄は次のように語ったというのである。

「竹入君よ、おれは日中の問題を考える余裕もなければ、今やる気もない。日中に手をつければ、台湾派も強くて、クビが飛ぶだろう。田中内閣はまだできたばかりだ。無理だよ」

私はこの文章を読んだとき、実によくできた作文だが、どこか胡散臭い文章だと思った。たぶん、何人《なんぴと》かによる創作であろう。服部龍二もこの文章の出所を明記していない。

竹入義勝は訪中し、七月二十七日から三日続けて周恩来と会談した。そこで周恩来は日米安保体制を容認した。また、周恩来は、復交三原則に触れた。「中華人民共和国が中国の唯一の政府であること」「台湾は中国領の不可分な一部であること」「日華平和条約は不法であり破棄されるべきであること」である。

さらに周恩来は、「毛主席は賠償請求権を放棄すると言っています」と日本側に歩み寄った。また、周恩来は竹入義勝に八項目について語ったという。その中に「覇権を打ち立てようとすることに反対する」という反覇権条項があったが、これは明らかにソ連を想定していた。

最大の懸案は台湾であった。周恩来は「台湾は、中華人民共和国の領土であって、台湾を解放することは、中国の内政問題である」と提起し、これを「黙約事項」にしたいと申し入れた。

さて、竹入義勝は三日間も周恩来と会談した。しかも日本にとって重大な問題についてである。外交の常識からすれば、外務大臣が周恩来に会い、懸案事項の詰めをするべきであろう。田中角栄首相のメッセージも持たず、周恩来と日中の懸案事項を三日間にわたり協議した公明党委員長・竹入義勝の正体が見えてこない。周恩来と公明党との間に、何か隠された関係があったとしか思えない。しかし、何ら証拠のないことを論じることはできない。

竹入義勝は中国側の「共同声明案八項目」や「黙約事項」を筆写して帰国し、八月四日には首相官邸で田中角栄に報告した。大平正芳外相がメモを読み、「竹入さん、これを頂戴します」と外務省に持ち帰った。田中角栄は翌八月五日、竹入義勝をホテルニューオータニに呼び出した。服部龍二は次のように書いている。彼は竹入義勝の著書『歴史の歯車が回った』から引用したとしている。

田中は一読して告げた。
「読ませてもらった。この記録のやりとりは間違いないないな」
「一字一句間違いない。中国側と厳密に照合してある」

「間違いないな。おまえは日本人だな」
「何を言うか。正真正銘の日本人だぞ」
「わかった。中国に行く」

この遣り取りが歴史的な事実とされている。私は最初、この文章に接したとき、「なんと俗な文章だろう」と思った。そして、すぐに竹入義勝がなぜ、周恩来と三日間も日本のことで話し合えたのであろうかと訝《いぶか》った。何かブラックマネーが動いたのではとさえ考えた。田中角栄と竹入義勝の会話は、どこか、東映のヤクザ映画の一場面を連想させるからである。

ここで場面を一転させたい。『佐藤慎一郎先生三回忌記念』の本からの引用である。一九九九（平成十一）年六月十二日、東京・杉並の荻窪団地の集会場での「第二回謝恩会」での佐藤慎一郎の講話である。

例えばね、田中首相が訪中しましたね。マスコミは田中首相が日中友好を開いた、とそう報道しておりますね。あんなものは嘘ですよ。僕は中共の秘密派遣員（譚覚真《ひょうかくしん》）を知っているから、「聞きたいことがあるから新橋へ来てくれないか」と言うて、新橋でコーヒーを飲んだ。「こんだ、あのう田中が……」と聞こうと思ったからね、彼の方からね、「田中がこんだ北京へ行ったら、周恩来にやっつけられますよ。佐藤さん、よく見てなさい」と、こう言われた。僕は、ハッ!として、もっと聞こうと思ったけれども聞かなかった。「当たり前じゃないか。田中首相と周恩来総理では、まるで相撲にならないよ。周恩来からやっつけられるのは当たり前だよ」と言って、僕は知らん顔していた。そして僕は僕の聞きたい別の話を色々と聞いた。実は僕はあわてた。日本国の首相がやっつけられる。僕はあわてて通産大臣でしたかなあ、とにかく僕のよく知っている大臣に知らせたんです。そしたら、その大臣が「佐藤さん、そりゃあ、駄目だよ。駄目だ。大変なことだ。佐藤さん、そのことを皆な話してくれ」と言うんです。

「そう言われても、内容も何も、私はできる限り調べたけれどもわかりません」と、お話しした。「いやいや、それだけでも、その一言だけでもいいから知らせてもらえないか」と、その方は言って、自民党の本部で僕に講演させた。大臣が四~五人、あと秘書官が五~六人来たかなあ。僕はたった一言「こういうことを聞いた」とお伝えした。

「僕が直接、聞いた人は間違いのない人だから、田中首相が北京に行けば、必ずやっつけられる。だから注意してください」と、伝えた。僕が講演したその場で大臣が田中首相に電話をした。田中の秘書官が電話口に出て、「今いない」と、こうだ。僕はね、「田中さんに電話をかけたって、僕なんかに会うはずありませんよ」と言ったらね、田中さんは、やっぱり会わない。その大臣は、「佐藤慎一郎と十分間でいいから会って話しを聞いてくれ」と田中に電話したんです。田中首相は僕に会わないで訪中した。案の定、「お前さんは小物ですね」という色紙を書いて周恩来は田中首相にくれてやったんですよ。日中友好ができたその席上で、外務省の通訳は、訳わからんのです。通訳できない。間違って訳しているんです。それが、「言必ず信、行必果」として新聞にのった。各新聞に。それが、今に至るまで間違ったまま報道され、本にもなっている。この色紙の意味は、「お前さん、小物ですよ」ということですよ。

この佐藤慎一郎の講話は、何をいっているのかを理解するのは難しい。しかし私は、この講話の解説をここではしないでおきたい。次章で具体的に説明するつもりである。田中角栄は周恩来に嵌《は》められた。どうしてかは次章で具体的に書くことにする。

なお、佐藤慎一郎が通産大臣といっているのは中曽根康弘である。二人は永い間、交流があった。

【第3章】

「日中国交正常化」交渉の奇々怪々

「日中国交正常化」の世上に流布する物語

歴史とはまことに不思議なものである。世に「正史」という言葉がある。過ぎ去った事件などに一定の評価がなされ、そこに一つの評価が生まれ、誰もその評価に疑問の声をはさまなくなったとき、その評価は一つの正史に限りなく近づいていく。

二〇一五年、雑誌『SAPIO《サピオ》』（十二月号）は「かつて日本外交は連戦連勝だった」という仰天の特集を組んだ。その中に、「田中角栄は毛沢東・周恩来と『ケンカ外交』を繰り広げ、中国・台湾問題を片付けた」という記事があった。執筆者の丹羽文生は拓殖大学准教授（海外事情研究所）で、偶然であろうが佐藤慎一郎と同じ大学の教員である。その丹羽文生は正史に近づいた角栄伝説を少しも疑うことなく、見事なまでに無難に論文を仕上げていた。

正史となりつつある「角栄伝説」をまずは記すことにする。

一九七二（昭和四十七）年九月二十五日、田中、大平、二階堂進官房長官ら一行は午前八時十分、羽田空港を離陸した。同十一時三十分、北京空港着。その後、第一回田中・周恩来会談

を人民大会堂で行った。その夕べ、周恩来主催の歓迎夕食会（人民大会堂）が催された。

ここで特に注意したいのは、田中に用意された部屋である。室温は田中の好む摂氏十七度に設定されていた。部屋の隅には、大好物の台湾バナナと東京・銀座四丁目の木村屋製のアンパンまでが用意されていた。田中はその行動だけでなく嗜好《しこう》まで徹底的に調べ上げられていたのだ。この日午後二時すぎ、日中交渉は始まった。日本側からは、田中、大平、二階堂、橋本恕《はしもとひろし》外務省中国課長。中国側から、周、姫鵬飛《きほうひ》外交部長（外相）、廖承志外交部顧問、韓念龍《かんねんりゅう》外交部副部長であった。

田中は「日中国交正常化の機が熟した。今回の訪中を是非とも成功させ、国交正常化を実現させたい」と口火を切った。

次いで大平が「国交正常化をなしとげ、これをもって、日中両国の今後長きにわたる友好の第一歩としたい」と述べた。大平は「日華平和条約は国交正常化の瞬間において、その任務を終了したということで、中国側のご理解を得たい」と日本の立場を主張した。

これに対し、周は反論した。日華平和条約の合法性についてであった。そして大平に言った。「この問題を二人の外相に任せ、日中双方の同意できる方式を発見したいと思う」と述べた。すでに田中角栄が北京に着いた時点で、ほぼ問題点は解決していた。後は、周恩来主催の宴席だけであった。

周恩来は田中角栄の皿に料理を盛り、「これならいくら飲んでも頭にきませんよ」とマオタイと赤ワインを惜しみなく注いでくる。そして、中国側の準備は周到を極めていた。人民解放軍のオーケストラが「さくら、さくら」を、さらには「佐渡おけさ」「金比羅船々」「鹿児島おはら節」を演奏した。それぞれ、田中角栄、大平正芳、そして二階堂進の故郷のうたであった。それから、周恩来が壇上に向かいスピーチをした。周恩来の音頭で一同乾杯となった。「君が代」が演奏されると、今度は田中角栄が壇上に向かい、口を開いた。

「過去数十年にわたって日中関係は遺憾ながら不幸な経過をたどってまいりました。この間、わが国が中国国民に多大のご迷惑をおかけしたことについて、私は改めて深い反省の念を表明するものであります……」

この「ご迷惑」発言の瞬間に周恩来たちは一気に騒ぎだす。日本外務省の通訳が訳した「ご迷惑」が中国語では軽い意味でしかなかったというのであった。

先に引用した服部龍二の『日中国交正常化』には、田中角栄がスピーチしているのを、手前で翻訳原稿を手にして聴いている周恩来の写真が掲載されている。周恩来は田中角栄が「ご迷惑」という意味の中国語を使用するのを前もって知っていたのかもしれない。

もう一つの懸念事項があった。台湾問題である。周恩来が心配した事項である。最終的には大平外相と姫鵬飛外相の間で話し合いがつき、日中共同声明の第三項となった。

――中華人民共和国政府は、台湾が中華人民共和国の領土の不可分の一部であることを重ねて表明する。日本国政府は、この中華人民共和国政府の立場を十分理解し、尊重し、ポツダム宣言第八項に基づく立場を堅持する。

ポツダム宣言第八項は台湾が中国に帰属するということを明記していた。この事項を入れることで姫鵬飛外相も周恩来も台湾問題は解決したとみた。

台湾問題が片付くと、一気に日中共同声明調印へと事は運ぶ。九月二十九日十時二十分、日中共同声明が調印された。十四時三十分、田中角栄、周恩来たちは特別機で北京空港を発った。十五時三十分、上海空港に着く。馬橋人民公社を見学した。十九時、上海市革命委員会主催の歓迎会が催された。

共同声明について簡単に記すことにする。まずは前文である。

――両国国民は、両国間にこれまで存在していた不正常な状態に終止符を打つことを切望している。戦争状態の終結と日中国交の正常化という両国国民の願望の実現は、両国関係の歴史に新たな一頁を開くことになろう。

また、謝罪も前文に明記された。

――日本側は、過去において日本国が戦争を通じて中国国民に重大な損害を与えたことについての責任を痛感し、深く反省する。また、日本側は、中華人民共和国政府が提起した「復交三原則」を十分理解する立場に立って国交正常化の実現をはかるという見解を再確認する。中国側はこれを歓迎するものである。

続いて九項目が列記されている。「その五」に「中華人民共和国政府は、中日両国の友好のために、日本国に対する戦争賠償の請求を放棄することを宣言する」とある。

田中角栄の功績の一つに、この「賠償金請求の放棄」を挙げる学者がいる。しかし、これは中国側が最初から日本側に伝えていた事項の一つであり、田中角栄の功績ではない。九項目を一つひとつ列記しないが、要は、台湾を切り捨て、中共を唯一の政府と認めよ、ということになる。日本側は中共政府の要望を、何ら抵抗せずに（文面上の表現では多少は遣り取りがあったものの）、認めたのである。私は特に第九項の末尾に注目した。

――九、日本国政府及び中華人民共和国政府は、両国間の関係を一層発展させ、人的往来を拡大するため、必要に応じ、また既存の民間取決めを考慮しつつ、貿易、海運、航空、漁業等の事項に関する協定の締結を目的として、交渉を行なうことに同意した。

この「九」は「一〜八」と多少異なるのである。

私はたえず書いてきた。当時の中共政府は経済が壊滅的状況にあった。そうした中で、日本と貿易、海運、航空、漁業等々の協定を結ぼうとする。日本がこの中共政府との協定の締結に積極的姿勢を見せるのである。

この日中共同声明調印式の後、大平外相は、記者団に対して次のように述べた。

「共同声明の中にはふれられていないが、日中関係の正常化の結果として、日華平和条約は存続の意義を失い、終了したものと認められるというのが日本政府の見解である」

これは台湾政府と断交したというのに等しい。田中角栄と大平正芳が中共政府に完全に屈伏した瞬間だった。

アメリカは、最後の最後まで台湾政府を一つのチャイナと主張し、上海コミュニケ（米中共同声明）でも、「ディスアグリーでアグリーした（不同意で同意した）」と発表した。しかし、田中角栄と大平正芳は、自ら進んで中共政府の軍門に頭を下げたのである。中国から帰国する場面を服部龍二の『日中国交正常化』から引用する。

特別機のタラップを上がった田中と大平は、何度も群衆に手を振り、周に頭を下げて機内に消えた。「中日両国人民の友誼万歳」という赤い横断幕に見送られながら、特別機は九時三〇分に滑走路を発った。

田中らが午後一時前に帰国すると、三木武夫副総理や椎名悦三郎副総裁が羽田空港で待っていた。社会党の成田知巳委員長、公明党の竹入義勝委員長、民社党の春日一幸委員長も、空港で田中に握手を求めた。超党派の出迎えは八〇〇人を超えており、空港を見下ろす送迎デッキには「田中総理万歳」の文字が躍っている。

マイクに向かった田中は、立ち並ぶ群衆に挨拶した。

ただ今、中国訪問から帰って参りました。私は、大平外務大臣、二階堂官房長官と共に、日中国交正常化の為に、国益を踏まえ、微力を致して参りました。この重大な使命が達成されましたことは、ひとえに、国民各層の御支援の賜物であったと信じております。

この後、田中と大平は、首相官邸で記者会見を済ませ、午後四時二十分に自民党本部の両院議員総会に臨んだ。その場で田中角栄はかく訴えたのである。同書より引用する。

〔日中〕国交は昨日をもって開かれ、これから党、政府一体となり、事後措置などをやらねばならない。これから悠久の平和のためになさねばならぬことが多くある。これを党、政府と一緒に、国民の皆さんと一緒になってやりたい。了承をえられたく思う。

大平正芳は台湾に関する第三項を論じた。このとき、大平は「中国側が、台湾を中華人民共和国の領土の不可分の一部であると主張したが、日本側がこれを理解し尊重する、とした」と説明した。しかし、この大平の発言は北京での「日華平和条約は存続の意義を失い終了したものと認められる」という内容とは異なっていた。この点を多くの議員たちから追及された。伊藤昌哉の『自民党戦国史』（一九八二年）には次のように書かれている。伊藤昌哉はかつての池田勇人首相の秘書官である。

「大平の日華条約破棄は前代未聞のことだ。敗戦国民が戦勝国民との条約を一方的に破棄することなど聞いたことがない。溝に落ちた人に石をなげるな、と台湾の人々は私に話している」

「私は中国の人から国の安危は行動の是非にあり、強弱にあらずという言葉を贈られた。軍備のない日本のこれからの道は行動の是非にある」

この気骨ある明治生まれの財界人は私〔伊藤昌哉〕にこういった。私は大変なことを教えられた、という思いがしばらく消えなかった。

「この気骨ある明治生まれの財界人」とは桜田武のことである。池田勇人の永き友人であった。この項はここで終わる。ごくごく平凡なストーリーを私は書いた。次項は、まったく異なる「日中国交正常化」の物語となる。

「角栄、お前さん小人だよ」と周恩来は言った

佐藤慎一郎の『毛沢東「万歳！」と「万砕！」』は一度引用した。その中で、「昆明軍区政治部マル秘資料」について多少なりと解説した。中国とアメリカに関する記事についての解説を試みたのである。この同じ秘密資料の中に、日本に関するものが存在している。佐藤慎一郎は詳しく解説している。まずは引用することにしよう。

田中首相が訪中する直前の一九七二年七月三日に、中共中央委員会・国務院・中央軍事委員会三者の名義を以て下部機構に通達した「新しい情勢下において日中関係を展開することに関する通知」(「秘密」—極秘—「中発一九七二・一九号」)を、一読しておく必要があろう。

この「通達」は、まず日本の政治情勢を、次のように分析している。

「もうこれ以上は修正しようもない宮本〔日本共産党〕集団は、自分の根本的立場を忘れたばかりか、その反対に中国の兄弟に対して強烈な敵意を燃している。その他の民主的な

力、たとえば社会党・民社党・公明党などは、日本人民の一致した督促のもとで、いずれも先を争って中日友好を展開し、中日国交を回復するために、多くの有益な配合工作を行なっている。……ところが日本を代表して資産階級ならびに、ひとつまみの軍国主義の残された利益を壟断《ろうだん》している自民党が、日ましに壮大となりつつある進歩的力の前に押し流され、人民を敵視するという一貫した方針を、次第に修正させざるを得なくなっている」

と前提し、さらに、

「佐藤栄作を以て代表する日本反動派は、必ず日本人民に棄て去られるものである。したがって、彼の後継者は典型的な官僚・福田赳夫であろうと、新興財閥の田中角栄であろうと、ないしは、徹頭徹尾、再軍備論者である中曽根康弘であろうと、もしかりに彼らが日本の軍国主義の復活または経済侵略を企てて、日本を新たに〝東亜共栄圏〟の拡大した昔の道に乗せようと妄想するか、あるいはまた密かにあの悪評の高い〝一つの中国、一つの台湾〟という猿芝居を弄《もてあそ》びながら、なおも引続いて米帝のアジアにおける番犬となろうとしたとしても、彼らは必然的に佐藤よりは、もっと悲惨な結末に遭遇することになるであろう」

と、厳しく断定している。

また当面の日本政府は、反動統治階級の手中に握られているとして、

「田中角栄という人物は、やはり米帝にくっついていて、切っても切れない関係にある。……われわれは日本人民の足場のしっかりとした民主闘争の立場を支持し、世界革命の永遠の利益を守るために……田中角栄のような人間を、人民に向って頭を低く下げさせるように圧迫してやらなければならない。……そのようにしてこそ日本の進歩的勢力の政治的情勢を鼓舞し、日本人民の革命に投入する気運を確固たるものにし、その闘争の胆力と信念を堅持させることができるのである」

と断言している。さらに、

「日本のあらゆる進歩的勢力をかち取って、われわれの同盟軍となし、一方においては大胆に日本朝野の友好を願う人々が、わが国を訪ねて来るのを接待し、一方においては文化・経済交流の形式を通じて、毛沢東思想の普遍的真理を広範囲に日本社会の各階層に輝かし、日本人民が十分にわが国の社会主義制度の優越性を認識し、日本の腐敗した資本主義制度と政治経済との結びつきを押し潰し、しかも最終的には日本人民が革命的民主政権をかち取り、中国人民およびアジア各国の革命的人民によって、アジアの未来の運命を掌握するように、援助するためである……」

と、日中国交回復を意図する中国の戦略的真意を述べている。当時、日本の大小新聞が「日中国交万々歳」をあおりたてていた状況とは、全く対照的異質的なものであることは、銘記しておいてよいことであろう。

以上、長い引用となった。周恩来は、田中角栄を首相として迎え入れる準備工作を、延々と続けていたのである。

当時、日本共産党と中共政府はほとんど交流らしきものがなかった。その代わり、社会党との仲が深まっていくのである。

一九七〇（昭和四十五）年三月に、赤軍派なる若者たちが「よど号ハイジャック事件」を起こすと、周恩来は「素晴らしいことです」と称賛した。一九七二（昭和四十七）年には、連合赤軍による浅間山荘事件が起きたが、その事件の深層に、毛沢東思想が見えた。

私は毛沢東思想なるものは暴力革命思想に他ならないと、佐藤慎一郎の考えをこの本の中で幾度も紹介した。しかし、社会党はこの毛沢東思想の熱烈なる信奉者であった。そのよき例が、一九七〇年十月に同党の成田知巳委員長が訪中し、中共が主唱していた「四つの敵」論（米帝国主義とその仲間たち、手先、共犯者）に賛同するとして、「文化大革命に深い敬意を表明する」との共同声明を発表した。社会党は昔も今も、幻想の党であることを示している。

公明党も、一九七一（昭和四十六）年六月に竹入義勝委員長が訪中し、「偉大なる毛沢東主席の指導のもとに、偉大なる国家の建設を目のあたりにして、誠にいたく感銘を受けました」

と語ったのである。社会党も公明党も文化大革命に暴力性を何ら見なかった。朝日、毎日、読売の各新聞社の意向に添ったものであった。

ここまでは田中角栄が首相になる直前の評価である。続けて、佐藤慎一郎の文章を読んでみよう。


果して田中首相が訪中した時には、この中央委員会の「極秘通達」に、全くふさわしいとしか言いようのない、皮肉な応対ぶりが見られた。

たとえば田中首相一行を歓迎した周総理の挨拶（一九七二・九・二五）を、テレビで見ていた中国人は、「周恩来の挨拶の語気は、完全に属国に対してでもするような威圧的なものですよ。あれは田中や日本人に聞かせるためのものというよりは、中国政府が米国や日本と接近する政策を採ったことに疑惑ないし反感を持つ国内の中国人に対して、〃俺は日本を屈伏させるために、田中を呼びつけてやったのだ〃という事実を、ことさらに誇示するためになされたといった方がよい挨拶ですよ。見ていてごらん。いまに田中は完全に周恩来の言いなりとなる結果に終りますよ」と言っていた。果して田中首相は周恩来の言いなりになって帰国した。

日中国交回復の協定が成立したその日、

「周総理から田中首相に、〝言えば必ず信ずる。行なわれれば必ず果す〟と揮ごうした書が贈られ、田中首相も〝信は万事のもと〟との所信をしたためてお返しした」（一九七二・九・二九、毎日）と報道されていた。この報道は、少しおかしい。

周総理が田中首相に書き贈った言葉は、「言必信・行必果」の六文字で、これは論語の子路《しろ》篇にある孔子の言葉である。中共の規定に従えば、孔子は「没落奴隷主階級の利益を代表した人民の敵」である。その人民の敵の言った言葉を、わざわざ書き贈ったのには、なにか辛辣で皮肉な軽侮の意味が含まれているようである。

佐藤慎一郎は、中国情勢を知る第一人者であっただけでなく、中国古典文学の最高峰の学者でもあった。その著の大半は、古典文学に関するものである。老子、荘子、孫子……その知識は他の学者の及ぶところではなかった。

私は彼の作品を数多く読みはしたが、その内容の解釈の深さについて、ここで読者に伝える才能を持ち合わせていない。したがって、残念ながら、佐藤慎一郎の結論だけを記すことにする。周恩来が田中角栄に贈った「言必言・行必果」の文字の解釈が三頁にわたり、延々と続く。

国家の恩恵を予想することなしに生きなければならなかった中国人は、不信義な人間を、とくに軽侮し警戒する。台湾の人々は、中国人である。大陸の人々も、中国人である。一方の中国人との約束を破った背信背義の男を、同じ中国人である周恩来が信用するはずはない。レモンのように絞れるだけ絞ったあとは、棄てればよいのである。田中さん、お前さんは日華平和条約を、平気で破った不信義な男ですよ。だから私は、最初から信用していませんよ。かりにお前さんが「言必信・行必果」で、この日中協定を守り通したとしても、それは「融通のきかない小人」に過ぎませんよ。私の方は「大人」ですから、最初から「協定」なんかには、こだわりませんよ。私の目的は日中国交回復にあるのではなく、それを通じて世界革命の一環としての「日本革命」をやる、それ以外に目的はないのですよと、皮肉ってでもいるかのようである。とにかく「笑裡蔵刀《しょうりぞうとう》」——笑いのうちに刀がかくされている、とはこのことであろう。

周総理と田中首相では、まるで役者がちがうのである。まして周総理は南開《なんかい》大学の学生時代から、観客を泣かせたほどの「おやま」、役者であった。からかわれたと知ったとしても、歯がたつまい。

さて、佐藤慎一郎が解釈する田中角栄に書き贈った言葉「言必信・行必果」の六文字について、何ら注釈を添えずに記すことにする。読者は自ら考えられんことを。

原文は「言《ことば》は必ず信《まこと》、行《おこない》は必ず果《はた》す。硜々然《こうこうぜん》として小人なる哉」で、一句をなしている言葉である。この「必」とは、「こだわる」という意味であろう。全体の意味は、〝言ったことに責任をもつことは良いことではあるが、問題は、その言ったことが正しいか正しくないかという点にある。その是非も問わずに、言ったことにあくまでもこだわるような者とか、或いはまた一旦やりかけた行ないは、やり通すことは良いのだが、その途中で事情が変ろうがどうしようが、あくまでもこだわって計画どおり果さねば気がすまないような者は、要するに融通のきかない小人――小粒の人物である〟というぐらいの意味であろう。

孟子も「大人は、言は必ずしも信ならず、行いは必ずしも果さず、ただ義の在るところのままなり」（離要篇）と、言っている。大人の言行は、その時々に従って融通自在であるべきで、根本は道義にかなうような行動をするのが本当だというほどの意味であろう。

右の文章の解釈は一切しない。一度引用した『佐藤慎一郎先生講演集』から引用する。毛沢東と周恩来のことが書かれている。

あの人を殺して国を治める毛沢東みたいなの、中国の歴史〔には〕ありませんよ。四千年の歴史上、毛沢東ぐらい殺した奴はいませんよ。人殺しに、良い国ができるわけない。絶対できない、絶対できない。周恩来は大嫌い。あいつ、毛沢東の側にあってね、彼が止めたら半分殺されなかった。それ知らん顔して殺させておったんだ、あんなずるい奴はいないよ。あいつはホントずるい奴だったんだ。本見れば女遊びもしない、なに抜かした、あいつは女をこしらえて女自分で殺しているんだ。あいつがまじめに中国のこと考えておったら半分殺されないですんだ。

日本人は、田中首相が中国に行ったときも、平成のこの世においても、毛沢東と周恩来が極悪人であることを知らない。この項の最後に、『毛沢東「万歳！」と「万砕！」』の「昆明軍区政治部マル秘資料」から引用する。中共の対日工作が見えてくる。

日本と台湾との関係は極めて密接であり、米帝のアジアにおける一部分の走狗たちに対して、相当の影響を与えている。われわれの偉大な指導者毛主席の高遠な見通しは、田中首相の訪華招請を決定し、日本と国交樹立を決定し、日中関係を緩和した。毛主席のこの布石は、米帝・ソ修のわが国に対する、戦略包囲の陰謀を粉砕し、われわれが平和裡に台湾を解放するのに有利となり、わが国が東南アジア国家との関係を改善するうえにおいて有利となり、アジアならびに国際緊張の情勢を緩和した。われわれが日本との関係を改善したことにより、日本は米ソと駆け引きをする資本ができたことになり、肝っ玉が一層大きくなった。このようにして、日米・日ソ間の矛盾は一段と激しさを増そうとしており、われわれもまた、引続いて彼らの矛盾を利用して、一段と工作を順調に進めることができるのである。

右の文章に、中国側の隠された真意が垣間見える。例えば、「われわれが日本との関係を改善したことにより、日本は米ソと駆け引きをする資本ができたことになり、肝っ玉が一層大きくなった」にある。

そこで中共政府は、その資本をいただこうとするのである。「肝っ玉が一層大きくなった」田中角栄から金《マネー》を奪う作戦を立てて、彼が北京にやって来るのを舌なめずりしながら待ち構えていたのである。

その奸計を事前に察知し、田中角栄に告げようとしたのが、佐藤慎一郎であった。

毛沢東が創造した狂気の国家戦略

毛沢東は、悲運の屈原の詩集といってよい「楚辞集註《そじしっちゅう》」を一九七二（昭和四十七）年九月二十七日に田中角栄に贈った。その「楚辞集註」について、佐藤慎一郎は『毛沢東「万歳！」と「万砕！」』の中で詳述している。その全文を記すことにする。物語を読むつもりで読んでもらいたい。

屈原は楚の国の大官であり、中国最初の卓越した憂国の詩人でもあり、政局に絶望して自殺して果てた人であった。彼の作品は「詩経《しきょう》」に次ぐ、中国最古の文学作品として高く評価されており、その作品は後漢の王逸《おういつ》の「楚辞章句《しょうく》」に収められ、その後、宋の朱熹《しゅき》によって「楚辞集註」として撰せられている。

中華人民共和国成立後、一九五二年、劉少山《りゅうしょうざん》という人が、「楚辞集註」を中央政府に献上したが、現在、北京図書館に収蔵されている。一九五三年は屈原が自殺してから二、二三〇年に当るので、その本を中国最古の最も完備した定本として、これを大版と小版の二様に複写し、屈原を祖国を愛し、人民を愛した偉大な詩人として記念することにした。毛主席が田中首相に贈ったのは、その大版のようである。

屈原が生きた時代は、戦国の七雄がたがいに対峙して覇権を争っていた時代で、北方の秦は特に強大であり、天下を統一しようとしていた。

楚の国内は、屈原を領袖とする反秦派（六カ国が攻守同盟を結んで秦に対抗した合従《がっしょう》論《ろん》）と、司馬子椒《しばししょう》らを中心とする親秦派（六カ国が連合して、秦と結んで安全を図ろうとした連衡論《れんこうろん》）とに分れていた。秦の恵王《けいおう》は、まず楚と斉の同盟を破らせ、楚を孤立させた上で、これを討滅しようとして、張儀《ちょうぎ》を楚の国に派遣してよこした。張儀はわが舌を見よと豪語したほどの弁論策謀の雄であった。張儀はまず楚の懐王《かいおう》の愛姫に贈賄し、懐王には領土を割譲する条件を出して、楚を懐柔した。屈原は退けられ、楚は斉との同盟を破って、秦と結んでしまった。

その後、懐王は秦に騙されたことが明らかとなるに及んで、再び屈原を用いたが、懐王はまたまた秦に騙され、ついに捉えられて秦都に幽閉されたまま、その生涯を終った。楚の頃、襄王《じょうおう》が立つに及んで、屈原はその一族とともに胡南省長沙附近の汨羅《べきら》の江岸に流されてしまった。楚は六国同盟に背いたため、諸国から孤立したまま、遂に秦のために滅ぼされてしまった。

屈原は滅びゆく祖国の現状を嘆きながらも、その憂国の気概を作詩に託していたが、遂に政局に絶望して、汨羅の渕に身を投じて、その悲劇的な生涯を閉じた。五月五日のことであった。爾来、民衆は屈原の心情を憐れみ、この日、竹筒に米を入れて水に投じ、屈原の霊を祭るのが慣わしとなったという。端午節《たんごせつ》である。

そのような屈原の詩集といってもよい「楚辞集註」を、毛主席はなぜ田中首相に贈ったか。

この文章の続きは後回しにしよう。ここでは、再び北川省一の『角さんや帰っておいで越後へ』から引用したい。著者の北川省一はなんとも妙なことを書いている。

こういう詩人の書物を角さんに贈った毛沢東の真意は、おそらく角さんは判らなかっただろうが、明察なる毛沢東は事の次第を知り抜いたうえで、利権あさりをエサに田中内閣の去就を操作したのである。これが中国と国交回復に漕《こ》ぎつけ、日中平和友好条約を結んだ舞台裏の思惑だったことも記憶に留めておくことは無駄ではない。

もちろん、それと知るわけもないが、のちに角さんが刑事被告人となってからでも、目白邸へは鄧小平ら中国要人の来訪が相次いでいる。中国では、「最初に井戸を掘った人を忘れない」という仁義にもとづいて礼を尽くしているのである。

右の北川省一の文章を読んで、私は「おやっ」と思ったのである。「利権あさりをエサに田中内閣の去就を操作したのである」と書かれたほんの短い文章の中に、日中国交回復の秘密がぎっしりとつまっている。

続いて北川は書いている。「これが中国と国交回復に漕ぎつけ、日中平和友好条約を結んだ舞台裏の思惑だった」とも。彼は良寛の研究家である。詩人の嗅覚が、あの平和条約の中に、利権漁りをする角栄を見ている。しかし、これ以上の利権構造を彼は発見できない。北川省一は、若き日の良寛が屈原をしのんで詠んだ詩、「端午《たんご》玉島に於て」を載せている。

樽《たる》を携《たずさ》え　客と共に此《ここ》に台《うてな》に登る
五月の榴花《りゅうか》　長寿《ちょうじゅ》の杯《さかずき》
仄《ほの》かに聴く　屈原《くつげん》の汨羅《べきら》に湛《しず》みしを
衆人《しゅうじん》　皆《みな》酔《よ》うて哀《かなし》みに湛《た》えず

伊藤昌哉の『自民党戦国史』からもう一度引用したい。前に引用した文章の前文と呼ぶべきものをここで見ることにしたい。

二日ほどして私は所用で桜田武と会った。

「田中が共産党に食いつかれた質疑はテレビで見た。田中が大平に代わってくれ、といっても田中が汚職で倒れれば大平も一緒にひっこまねばなるまい、田中との接触をどうするかは重要な問題だ」

「田中も困りものだ、毛沢東から『楚辞集註』を贈られて、ただ『ありがたい』と喜んでいては困る。この本は楚の屈原の筆になるもので、美文だという。文弱な国の首相であった屈原はやがて他国の侵略を受けたのちに汨羅《べきら》に身を投じて憤死する。日本は富んだ国だが、武力を持たず他国の軍備にただ乗りしている。『田中さん、あなたは何も知らんだろうが、いまのままでは楚の屈原になるよ』という毛沢東の寓意《ぐうい》がここにある。香港や台湾など東洋の学者たちはみなそうみている」

私はここで、毛沢東の国家戦略について書こうと思う。

日本は一九五二（昭和二十七）年四月に、前年九月に調印したサンフランシスコ講和条約が発効し、一応は独立国となった。同じとき、日米安全保障条約も発効した。かくして日本はアメリカの核の抑止力を国防の担保とし、ひたすら経済成長に専念した。

一方、中国は朝鮮戦争に参戦し、国連から「侵略国」の汚名を着せられた。中国はアメリカからの核兵器による脅威と威嚇に幾度も直面した。毛沢東は人民解放軍の近代化を進めた。それは通常兵器の近代化ではなく、核兵器の開発であった。一九五六（昭和三十一）年、中共中央委員会で毛沢東は「今日の世界で他人の侮りを受けたくなければ、原子爆弾を持たないわけにはいかない」と述べたのである。

一九六四（昭和三十九）年十月に中国は最初の核実験に成功した。続いて原子力潜水艦を建造。一九七〇（昭和四十五）年四月には人工衛星「東方紅《とうほうこう》一号」を打ち上げて、中距離弾道ミサイルの技術を完成させた。日本はただ対米追随の道を進めるだけであった。

そうした中で、中国は国連に加盟した。「生産の躍進」（大躍進政策）そして、人民公社が設立され、侵略した敵を人民の大海に埋葬するという政策が実行された。この両政策（大躍進政策と人民公社）で一千万（四千万とも五千万人とも）の死者が出た。

この項の終わりに、平松茂雄の『中国は日本を併合する』（二〇〇六年）から引用する。

〔日本が〕国家の繁栄と安定の時代において解決しておかねばならなかった国防に関する問題、憲法第九条、集団的自衛権、有事立法の整備は持ち越され、また多くの分担金を納めている国連で国連憲章の敵国条項の解除の努力もなされないままとなった。
こうした中で、経済大国となった日本の首相が、中国側の奸計にはまるのである。

「私心なき角栄外交」という虚像

自著『毛沢東「万歳！」と「万砕！」』で「楚辞集註」を詳説した佐藤慎一郎は、「楚辞集註」を毛沢東はなぜ、田中角栄に贈ったのかを書き、「中国人学者の見解」を冒頭に述べている。この見解を一部引用しつつ解説してみたい。ではまず引用する。

「安岡（正篤）先生は、不吉であると言っておられた。この見解は正しい。周恩来が田中に〝言必信・行必果〟と書き贈ったのは、これは完全に田中を軽侮したものである。しかし毛沢東から見れば、田中は馬鹿にするほどの相手ではない。恐らく全然問題にしてはおるまい。ただ田中は詩を作るという。しかしこの詩もまた体《てい》をなしたものではあるまい。毛沢東は、自分を気どって見せようとする癖がある。屈原は詩祖であり、愛国者でもある。自分も革命しか知らぬ一介の武夫ではない。屈原のように詩を作る文才もある愛国者であると言いたいのだろう。それで田中が詩を作ると言うなら、こうした本があるということぐらい、知っておいてもよかろう、といった軽い気持もあったのかも知れない」と言う。

安岡先生は、屈原が生きていた時代は、秦が天下を統一しようとして、策謀が余すところなく行なわれていた時代で、ちょうど現在の中共がアジアを統一しようとしている政局と、ほとんどほうふつしている状態を説かれた後で、

「ごく通俗に考えて、そもそも時勢に絶望して投身自殺した屈原は、悲惨な犠牲的政治家であり、楚辞は多く悲歌である。重責を背負っておる他国の総理に与えるにしては、連想が悪い。皮肉に考えれば、秦は今日の時局でいうと中共そのものにも当る。東方の大国斉は、謂わばアメリカと言える。斉と秦とは二大武力国家で、対抗してきている。長い米中対抗に比することもできる。屈原は親斉だから、今でいうならば親米派である。

　そうしてみると、〝お前もアメリカに附いて、俺の方に楯《たて》突いておったら、こういうことになるぞ（註、国は滅び、屈原のような結末になるぞ）。俺の方と仲好くするに限る〟ということにもなるわけである。あるいは秦をソ連とし、斉をアメリカとすれば、ソ連やアメリカの間にまごまごしておると、その身はもとより、国家ぐるみだめになるよ。中日友好平和に限るとでもいうことになろう。何にしても甚だ不愉快なことである」と解説しておられる。

右の文章は「中国人学者の見解」と一応はなっているが、安岡正篤が一九七二（昭和四十

七）年十一月に『師と友』という冊子に掲載した文章を、佐藤慎一郎が、中国人の名を使って自ら解説したものである。佐藤慎一郎が安岡正篤を国民党ならびに中共政府のスパイであったとする説はすでに書いた通りである。佐藤慎一郎は安岡正篤の説を正しいとみて、自分の本に引用しているのである。

この「中国人学者の見解」の後に、「私の見解」として佐藤慎一郎は自説を述べている。その最初の文章は次のごとくである。

屈原は毛沢東の故郷湖南省長沙に近い汨羅の流れに身を投じて、悲運の生涯を閉じた熱烈な愛国者であり、人民の詩人とされている人である。

朱子は彼の詩を「愛国の熱情は尊敬すべきも、中庸の道を離れている」と註している。それほど彼の詩は、全篇激烈な悲憤慷慨の文字をもって、おおわれている。

屈原は暗黒な現実を高く飛翔する己が心境との調和すべくもない苦悶を、天性の詩魂に託して、雄渾清澄な筆致を以て歌いあげている。毛沢東の詩詞にも、屈原に劣らぬ激越な感情の高まりを感ずる。

佐藤慎一郎はここまで書いておいて、それ以降、屈原と毛沢東、そして田中角栄について一切書かないのである。ただ、毛沢東の晩年を描くのみである。それでもその最後に田中角栄が登場する。

恐らく彼〔毛沢東〕には、死後の批判が怖しいのである。屈原は高潔であったがために高く用いられ、そしてまたそのために人々に遠ざけられている。しかも幽悶失意の境涯にありながら、なおも衰えゆく祖国の前途にたいして、清浄ひたむきな慕情を寄せている。毛沢東の祖国に寄せる志もまた鉄壁である。しかるに事志《ことこころざし》と反して、社会主義建設は思うに委せず、同志にすら次ぎ次ぎと背かれ、死にきれぬ焦燥の中に悶々の日を送っている。かつて屈原の叫ぶ正義の声が理解されなかったように、自分のこれほどまでに絶叫する憂国の至情を、革命の同志はどうして理解してはくれないのだろうか。そうした冷厳な現実の中にあって、毛沢東はかつての屈原のように、その憂憤の激情を、孤独な読書や作詩にまぎらすほかはないかのようである。

借り物のマルクス・レーニン主義によっては、遂には人生の豊かな妙味も安らかさも、味わうことはできない。そうしたはかない人生の空しさも、毛沢東には初めて解りかけてきているようでもある。

そうした心境に低迷しているやさき、詩を作るという田中首相が現われた。極めて軽い気持で、その辺にあった孤愁の詩人屈原の詩集といってもよい「楚辞集註」を、田中首相に贈ったものではあるまいか。とにかく私は、そうした毛沢東の姿に、むしろ闘争に疲れはてた人間毛沢東としての、空しさと親しみとを感ずる。

「極めて軽い気持で」、田中角栄に「楚辞集註」を贈ったとする佐藤慎一郎の説に私は賛成する。深読みすれば、安岡正篤の説のようになることを佐藤慎一郎は知り尽くしている。鉄仮面を被った道徳学者の説を引用する彼の文章の中に、毛沢東とは何者なのかの姿が浮び上がることはない。本邦一の陽明学者、政財界に広く知れ渡った当代一の知識人安岡正篤も所詮、成り行きまかせの流行り人《はやりびと》であったということであろう。

毛沢東について少しだけ書いてみたい。

一九七五（昭和五十）年十月二十一日、毛沢東は死の床にあった（この一年後に死去する）。キッシンジャーは病床の毛沢東を見舞った。毛沢東はベッドからやっと起き上がると、キッシンジャーに言った（『キッシンジャー秘録』一九七九～八〇年）。

「この世界は平穏でなく、嵐が、風と雨がやってきます。そして雨と風が迫れば、ツバメが忙しくなります」

キッシンジャーは次のように応えた。

「そうですね。しかし、私はツバメが風と雨に対してできることよりも、もう少し、大きな影響を風に与えたいと思うのです」

この項の最後に一冊の本を読者に紹介したい。青木直人の『田中角栄と毛沢東』（二〇〇二年）である。この本の中で青木直人は次のように書いている。


田中角栄が政権の座を去って、四年目の秋のことだった。わたしは首都圏のターミナル駅から数駅はなれた新興住宅街に住む人物を訪ねていた。

残念だが、彼の実名は明かせない。ここでは中国共産党の実力者にも太いパイプをもつ日本人であるとだけ書いておく。


青木直人はこの日本人を通じて、いろいろな人物に会う。そして翌年、北京を訪れて、中国共産党の対日工作関係者に会う。それ以外にも三名の証言者から情報を得たという。毛沢東と田中角栄は二人で話し合ったというのである。簡単に記すならば次のごとくである。

「田中先生、日本には四つの敵があります」

毛沢東はそう切り出した。

一はソ連であり、二はアメリカ、そして三はＥＵ、最後は中国である、と毛沢東は田中角栄に言ったという。そして毛沢東は「四つを同時に敵に回すのですか。どうですか、田中先生、組むというなら徹底して組もうではありませんか」と、毛沢東の口から日中同盟論が出た、というのである。

田中首相、大平外相、二階堂官房長官が毛沢東のところへ行ったのは単なる挨拶ではなかったというのである。私は、毛沢東が田中角栄に言ったという「日中同盟論」と「楚辞集註」の贈りものは結びつきがあるとも思った。青木直人は次のようにも書いている。

一九七五年、毛は中国を訪れたタイのククリット首相に、「私が実際に会って褒《ほ》めた人は、国に帰るとみな災難に遭っている」と言いながら、ウォーターゲート事件に巻き込まれたニクソンと金脈追及で辞任した田中角栄の名前を挙げた。

そして、毛の評価を裏付けるように、ロッキード事件発覚以降も田中は日中交渉のキーマンでありつづけたのである。

この青木直人の田中角栄論と、次章で私が書かんとする田中角栄論は、言葉は厳しいが、徹底的といえるほどに異なるのである。青木直人は数多くのＯＤＡの本を出版している。田中角栄以外の政治家はほとんど非難の対象であるが、唯一、田中角栄だけは、中国利権に対し、私心がなかったという説を打ち出しているからである。次章で私は田中角栄の中国利権に挑むことにする。

【第4章】

対中借款リベート「三百億円」の亡霊

なぜ田中角栄は北京へと急いだのか

私は第2章の「田中角栄と公明党の疑惑の動き」の中で、佐藤慎一郎が一九九九（平成十一）年六月十二日に、東京の荻窪団地の会場において行った「第二回謝恩会」での講話について詳しく書いた（96〜98頁参照）。この講話の内容を思い出してほしい。

文中、通産大臣とあるのは間違いなく中曽根康弘である。彼が動いたということは、佐藤慎一郎が経済問題について、危急の事態を知らせたということである。日本の危機を知った中曽根康弘はすぐに田中角栄に電話した。しかし、田中角栄は、中曽根康弘の忠告を無視し、訪中したのである。

私は第2章の終わりで次のように書いた。

――この佐藤慎一郎の講話は、何をいっているのかを理解するのは難しい。しかし私は、この講話の解説をここではしないでおきたい。次章で具体的に説明するつもりである。田中角栄は周恩来に嵌《は》められた。どうしてかは次章で具体的に書くことにする。

「次章で」と書いたが、次章である第3章は、周恩来が田中角栄を「小人」であると評したことについて書いた。この章でまた、中曽根康弘が危機を感じたという訪中直前の出来事から始めよう。

季刊誌『満洲と日本人』（第十号、一九八八年）に掲載された、佐藤慎一郎の講演記録からの引用である。日時は一九八五（昭和六十）年三月八日、講演場所は大阪・梅田の阪急グランドビル十九階の「関西文化サロン内」である。

私〔佐藤慎一郎〕は自民党に出かけて行って、こうしたらいかん、こうしなけりゃと、二時間ぐらいお話ししたんです。そしたら私の眼の前で、ある大臣がね、田中さんに電話をかけた。ところが田中さんは出ないで、秘書官が出て会わせなかったわけだ。会わせないでね、田中さんは北京へ行ったわけです。僕と会ったって、儲けられない。（笑）そして日中友好の、あの共同声明が出たわけですね。出来たその席上でね、お前さん、小者ですネ、と色紙に書いてね、周恩来、田中さんにくれたんですよ。お前さん、小者ですネと書いてくれたんです。だが外務省の通訳は、これが分からん。この人を、僕はバカにするんじゃなくてね、勉強しなけりゃ、古文というのが分からんのです。台湾を裏切ったから、周恩来、ものすごく怒ったんですよ。今まで台湾に、お前ら、なんぼ世話になったんだ。それを、何の理由で捨てるんだ、と。君子は義にさとり、小人は利にさとる。お前は利にさとる小者だよ、と書いてくれたんだ。今、説明すれば長くなるからやめますけどね。お前さん、小者だネ、と書いてくれたわけです。

ここで、もう一度、佐藤慎一郎の『毛沢東「万歳！」と「万砕！」』から引用することにしよう。

田中首相は眼前の小利のためには、恩義ある中華民国との条約まで簡単に破っている。周総理にして見れば、田中首相は全く背信背義の男である。こうした約束を破る男を、信用するわけにはいかない。しかし今こうした人間存立の最低条件をすら欠いた男と、改めて約束を取り決めようというのであるから、殊更《ことさら》に「言必信・行必果」と書き贈って、念を押しておく必要があったものであろう。

田中首相は、この書を贈られて、すこぶる御満悦だったという。その単細胞ぶりもまた、まことに「小人なる哉」であろう。孟子は「小人始めありて、終りなし」（小人の交りは始めはあるが、終始一貫して終りを全うすることはない）と言っているが、周総理も田中首相との交りには、終りを全うすることはあり得ないことを、充分承知の上での「日中共同声明」であろう。

日本の学者、ジャーナリストが書いた「日中共同声明」に関する文章をいくら読んでも、佐藤慎一郎のような鋭い見方は一切ない。ただただ、「日中共同声明、万歳！」「田中角栄、万歳！」の連続である。もう少し、同書から引用しよう。

田中首相が中国滞在中、直立不動で謹厳な態度を採っていたのは、テレビで見られる限り、北京空港で中華人民共和国の国歌である「抗日義勇軍の歌」を聞いていた時だけのようである。その他の場面では、終始、汗を拭きながら落着きのない態度をしていたようである。

「君子は担として蕩蕩《とうとう》、小人はとこしなえに戚戚《せきせき》」（述而篇《じゅつじへん》――君子の心境は担々として平らかであり、のびのびしている。小人は常に利害打算に追われているため、心の休まるひまもなく、何時《いつ》でもこせこせしている）という。

中国人は田中首相のそうした落着きなさを見て、なるほど「小人なる哉」と感心するのである。

私もまったく佐藤慎一郎の説に賛成する一人である。田中角栄の報道写真やテレビ映像を見るたびに、彼に関する本を読むたびに、なるほど、「小人なる哉」と思うのである。続いて佐藤慎一郎の講演記録を読んでみよう。

その晩の祝賀会にその話が伝わった。さあ、中国の連中がネ、ザマーミロ、乾杯乾杯とやった。日本の新聞記者は日中友好でバンザイバンザイだと思って、みんな原稿を書いた。バカみたいな記事ですよ。その席上に同席した中国人が、俺に知らしてくれたですよ。ザマーミロ、日本人に頭下げさせたって。

「小人田中角栄」を知らなかったのは日本人だけ、ということになる。「乾杯！　乾杯！　ザマーミロ」と「バンザイ！　バンザイ！」との間には大きな差異がある。この時の大いなる差異を平成の世の今日においても日本人は全く理解しえていないことに、中国問題の深い矛盾が垣間見えるのである。続けて読んでみよう。

田中さん、行く前からね、田中を呼んで全人民に頭を下げさせてやろうなんて、チャンと公文書が出てくるんですよ。それを手に入れたから自民党へ行って話したんですよ。台湾、捨てるな、と。一年延ばせ、向うが日本に手を延ばしてるんだから。日本が向うに手を延ばしてるんじゃない。向うが今、転ぶかどうかだから、日本に手を延ばしているんだ。台湾、捨てるなら、何年でもお待ちします、お宅とも、北京とも仲良くしたいです、サヨナラと言って、いっぺん帰れと、こう言うとるんです。

なぜ、佐藤慎一郎は田中角栄のもとへ、それも、彼の訪中直前に行ったのか、の疑問を解決しなければならない。しかし、この件は次項で追究を続けることにする。佐藤慎一郎の講演の続きを引用する。

ほんと、何やってるか分からん。これを、誰も批判しないんだ。田中さんが帰って来た時、僕はわざわざ、また自民党へ出かけて行ったんだ。田中さんがもらって来た「お前、小者だネ」というアレね、得意になって応接間に掛けているだろうが、この意味の説明、俺がしてやると言ってね、自民党の本部へ行って、俺が説明してやったんだ。「バカもいいかげんにせい、覚えておいて掛けておけ」と言うて来たんだ。恨みはないけれども、しかし上の人も利益を目標にし、下の人も利益を目標とするようになれば、国は終わるんです。

必ず滅びない国なんて、ありっこないんです。中国の真理がハッキリ教えております。みんな、利益利益利益――です。

「天下は攘々《じょうじょう》として、皆、利のために往き、天下は熈々《きき》として、皆、利のために来る」です。

利益利益利益、です。こんなことで国が滅びないわけがありませんよ。

田中さんは田中さんで、その調子でしょう。だから、先ほども言ったように「田中角栄は一角のことしかわからん奴だ。大平はオオッピラに御免だ」と、中国人は言うんです。

私はこの「利益利益利益」については次項で詳述する。ここでは田中角栄が周恩来から贈られた色紙の言葉「言必信、行必果」について、安岡正篤の評を見ることにする。安岡正篤は戦前・戦中の海軍省顧問であり、日本の東洋学の権威であった。戦後も、思想的には反共的立場を明らかにしていた。

馬弓良彦の『戦場の田中角栄』(二〇一一年)から引用する。馬弓良彦は元毎日新聞社取締役で、田中角栄の番記者であった。

鮮烈な「北京秋天」に象徴される日中国交回復交渉はその後、さまざまな政治的な余波を生む。ここで、政治家田中角栄の評価に絡む話題を取り上げたい。

それがこの言葉、

「元必信、行必果」

という周首相の色紙である。

この色紙は、北京交渉が妥結し、上海に向かう途中で、周が揮毫して田中に手渡したと言われる。

このことを新聞報道で知った東洋学者の安岡正篤氏は、東京で新聞社の取材に応じて周首相に対する不快感を表明した。

この「言必信、行必果」の出典は、論語である。論語の註釈はいろいろあるが、ここでは貝塚茂樹京都大学名誉教授著『論語』（中央公論社）の訳文によって見よう。

この「言必信、行必果」は論語第七巻、第十三、子路篇（十二）に出てくる。

孔子の弟子である子貢《しこう》が、

「どのような条件を備えたら『士《サムライ》』と呼べましょうか？」

と質問した。

孔子は答える。

「恥を知り、自分で行動を差し控える、ほうぼうの外国に使節となって立派に使命を果たす、これが士と呼ばれる条件であろう」

子貢はさらに尋ねる。

「それが士の条件でしょうが、これに次ぐ条件をお教えください」

「親族一同から孝行者と呼ばれ、郷里の人々から年上を敬うと褒《ほ》められることだ」

子貢は、また問う。

「またその次に来る条件はお教えください」

孔子は言う。

「言葉に決して偽りがなく、かちかちの小人であるが、行動は常に思い切っている」

この最後の中国語原典が、

「言必信、行必果……小人也」

なのである。

安岡氏は、中国の首相である周恩来が北京を訪れた日本国首相に「かちかちの小人だが……」と書いた色紙を与えたことに不満を発した。

つまり、士の条件としては第三番目にしか来ない「小人」を意味する「言必信、行必果」と書くとは、日本の首相に対して無礼にあたるのではないか、と言うのである。

安岡氏は単なる東洋学者ではなくて、内閣の顧問的な立場にあった。歴代の首相が私淑しただけでなく、たとえば終戦の詔勅に関与したことでも知られる。

この馬弓良彦の文章は、「言必信、行必果」について、数多の田中角栄本の中から私が発見した（まだ他にもあると思うが）、唯一の参考文献である。他の本は完全に無視している。では、どうして、周恩来が田中首相に、「言必信、行必果」の色紙を渡すに至ったかの経緯を追究してみなければならない。

「お前さん、小者ですネ」と、なぜ周恩来は田中角栄を馬鹿にしたのかを追究しなければならない。

そして、私たちは知らねばならない。「なぜ、田中角栄は首相になれたのだろう」。そしてまた知らねばならない。

「どうして周恩来は首相になったばかりの田中角栄を北京に招いたのであろうか」と。

血税の供与とハニートラップ

前項で佐藤慎一郎の講演記録から、「サヨナラと言って、いっぺん帰れと、こう言うとるんです」を引用した後に、「ほんと、何やっているか分からん……」と続けて引いた。本当はこの二つの文章の間に次の文章が入っている。

サヨナラと言って、いっぺん帰れと、こう言うとるんです。〔しかし〕帰らない。金が欲しいからです。だから二階堂さんが行ってね、北京へ行ってね、三千億円、貸してるんです。彼、自民党の総務会長かなんかです。自民党がなんで国民の金貸すバカがありますか。人をバカにしてるでしょう。三千億、貸してるんですよ、自民党の総務会長。国民の金ですよ。国が金を貸すのなら分かる。なんで自民党が金貸すんです。僕に中国人が言ったんです。「佐藤さん、そりゃあ、リベートだよ」。僕は、リベートって何のことやらわけ分からない。(笑い)「コウコウだヨ」。これをお話したら、とても明日の朝までかかる。

この三千億はですネ、僕は注意しとく。建設に貸したんですよ。どこだか開発する、どこだか港湾を作ると言って、建設資金として三千億を貸してるんだ。ところがいつの間にか、新聞に出たのは、建設資金で貸してる一千四百億円はネ、長期借款に切り換えてる。この狡いこと、見てごらんなさい。これ、すぐ政治献金につながるんです。田中にカネなくなりませんよ。田中の秘書官が毎年、北京へ行くんですよ。そして鄧小平に会って来るんですよ。日本の大使館、これタッチ出来ないんですよ。何話して来たか、分からないんですよ。そして田中の秘書が帰って来てね、田中とこうこうやってるんです。そして三千億のうち、一千四百億はネ、長期借款に切り換えてしまってる。これ、何のためだというんだ。僕はこういう話、さっぱりわけ分からんからネ。俺のところへいっこう来ないからネ、行き先、決まってるらしいんだ。

この三千億円借款の問題は後述する。ここでもう一度、稲山嘉寛の『私の鉄鋼昭和史』を見てみよう。

「〈昭和〉四七年八月、田中首相の訪中によって調印された『日中共同声明』が発表される一カ月前、私は中国アジア貿易構造研究センター訪中団の団長として中国へ向かった」と彼は書いている。このことは既述した。

このとき、二週間にわたって周総理ら中国首脳と稲山嘉寛らは協議した後に、長期輸出契約を結んでいる。田中角栄が訪中する一カ月前である。中国は国家財政が破綻する寸前であった。全くといっていいほどに、外貨（円、ドル）が無かった。それなのに、なぜ日本との間に、鉄鋼、肥料などの長期輸入契約を結べたのであろうか。しかも、周恩来は、稲山嘉寛たちに、中国が建設する「武漢製鉄所」の支援も頼んでいる。新日鉄と川崎製鉄の二社がこの建設に参加したのである。

『私の鉄鋼昭和史』から続けて引用する。

一九七八年（昭和五三年）には、「日中長期貿易取り決め」が調印された。私が日中経済協会の会長としてまとめたものである。このときは土光（敏夫）経団連会長も同行、いわば民間をあげて中国との交流を図ろうとしたものだった。

さらに、同年には宝山製鉄所の建設プロジェクトが具体化した。新日鉄を中心に日本企業が全面的に支援、資金面でも円借款の供与、輸銀融資などの協力をしてきたものだ。ところが、起工してから二カ月後、〔一九〕七九年二月に、中国側の外貨不足から計画の縮小などが起こり、一時は中断に追い込まれるのではないかと危ぶまれた。しかし、日中経済協力の象徴的な存在だけに、プロジェクトの実現への両国の熱意は燃やし続けられ、ついに〔昭和〕六〇年九月一五日、高炉の火入れ式が行なわれるところまでこぎつけた。起工以来、実に七年近くを経ての操業開始である。

この稲山嘉寛の本を読むと、中国は一九七八（昭和五十三）年に、「日中長期貿易取り決め」に調印はしたものの、その時点では外貨不足であったことが分かるのである。否、田中角栄が訪中した時点で外貨が全く無かったことは、私は幾度も書いた。佐藤慎一郎が田中角栄の訪中に危機感を持ったのは、この点であった。

佐藤慎一郎は中共政府から亡命に近い状態で日本に逃れてきた政府高官に、日本政府の依頼で接触して友情を深めていた。そのような裏事情で、周恩来が田中角栄を嵌《は》める計画を知るようになったのである。そこで、通産大臣・中曽根康弘にこの周恩来の経略を打ち明ける。中曽根康弘は田中角栄を説得しようとするが、彼は中曽根と佐藤慎一郎から逃げてしまう。

では、何がどのように動いていったのか？

「サヨナラと言って、いっぺん帰れと、こう言うとるんです。帰らない。金が欲しいからです。だから二階堂さんが行ってね、北京へ行ってね、三千億円、貸してるんです。彼、自民党の総務会長かなんかです。自民党がなんで国民の金貸すバカがありますか。人をバカにしてるでしょう。三千億、貸してるんですよ。……」

あえて再録した。以下は私の推論である。

田中角栄首相、大平正芳外相、そして、二階堂進官房長官は、中国に行くと、密室に招じ入れられた。そこで周恩来首相と姫鵬飛外相から、稲山嘉寛と周恩来との間に取り決められた、中国と日本との間の「鉄鋼、肥料などの長期輸出契約書」を見せられた。周恩来はこの日本側の輸出契約書（中国側にとっては輸入契約書）のために、財政援助を依頼した。おそらく、周恩来は田中角栄に以下のように語った……。

「田中角栄首相、中国は今、国家として、長期資金を日本から借り入れて、国家を再建する以外に方策はない。そこで一千五百億円を貸して欲しい。勿論、公にはできないであろう。自民党が秘密のルートで金を調達できると私は信じている」

あくまでも推測の域を出ないが、田中角栄は、以下に近い答えを周恩来に与えたはずである。

「今、日本国家の金を、直接的にしろ間接的にしろ、貸すことは不可能である。しかし、自民党の組織を使い、日本の銀行が協力すれば、金を中国側に工面することは可能でしょう」

そこで、周恩来が単刀直入に田中角栄に次のように語ったと思われるのである。

「田中首相、一遍に一千五百億円の金を借りなくてもよい。その都度、必要に応じて借り入れたい。その度に、あなたにリベート（借入金額の一割）を支払いたい。その度に、二階堂氏が中国を訪れることにすればいい」

これが、周恩来と田中角栄の語られざる秘密会談の全容であると私は確信している。もう一度、佐藤慎一郎の講演記録を引用する。

自民党の総務会長。国民の金ですよ。国が金を貸すのなら分かる。なんで自民党が金貸すんです。僕に中国人が言ったんです。「佐藤さん、そりゃあ、リベートだよ」。僕は、リベートって何のことやらわけ分からない。（笑い）「コウコウだヨ」。これをお話したら、とても明日の朝までかかる。

読者の中には不審に思う人がいるであろう。二階堂進が総務会長であったのは、一九八〇（昭和五十五）年七月十二日に鈴木善幸内閣が成立した以降だということである。

しかし、いくら二階堂の背後に田中角栄が控えていようとも、総務会長の立場では一千五百億円の金を自民党が動かして中国側に渡すことはできない。やはり、この一千五百億円の金の流れは、最初は、周恩来・田中角栄の秘密会談の結果に源を発するとみるべきであろう。

稲山嘉寛一行が二週間にわたって周恩来らと会談する。この長期の会談に、富士銀行会長の岩佐凱実、三井物産相談役の水上達三らが加わっている。彼らが周恩来と中共政府への融資の話をしたのは間違いのないことである。要は、田中角栄をいかに落とすか、籠絡するかという点であった。そこで、周恩来は田中角栄を徹底的に調査した。そして、結論が出たということである。あの宝山製鉄所の建設プロジェクトも、田中角栄の弱点を衝いたものであった。田中角栄が政権を去った後も、彼を支え続けることで成功しうると、中国側は読み切っていたのである。

稲山嘉寛は「ところが、起工してから二カ月後、〔一九〕七九年二月に、中国側の外貨不足から計画の縮小などが起こり、一時は中断に追い込まれるのではないかと危ぶまれた」と、書いている。これも中国側の計算どおりであった。大平内閣はこの一時中断の危機を知ると、田中角栄の完全なる指揮下のもとで、あの一千五百億円とは異なる、もう一つの一千五百億円の金が中国側に渡されるのである。

次項はこの「からくり」を書くことにしよう。

この項の終わりに、佐藤慎一郎の講演「東洋史」（昭和五十年第一講）のごく一部を記すことにする。

　前の田中（角栄）総理がね、北京に行って、日中友好の約束が出来た。その日に周恩来から、お前さんは、小物《ママ》ですねと、色紙を書いて貰った。ああ、有り難うというて、貰って帰ってきておる。この位馬鹿なんだよ、日本の総理は。お前さんは、小物ですねと、わざわざ書いてくれたんだ、周恩来が。そうして、それもありがとうと貰ってきたんだ。だから、僕は早速政府に行ってね、「あの掛け軸だけは、応接間に掛けるのを止めさせてくれ」と頼みに行ったんだよ。「どうしてですか」。俺はその理由をちゃんと説明して、「そうですか、そんな馬鹿にされたんですかって、俺でも馬鹿にするよ、当たり前で向こうは馬鹿にするよ、そりゃあ。あんなの尊敬したら世の中おかしくなるよ。そうでしょう。まるで馬鹿にされて来たんですよ。糞味噌に馬鹿にされてきたんですよ。日本の新聞は何にも書かないでしょう。それは馬鹿にするよ。まあ、小物でしょうね、日本の総理なんてのはね。まあ、金《カネ》誤魔化して、金貯めて、女何人もこしらえて、まあ、可愛いやな。それくらいのもんだ。

田中角栄の女性関係についてはここでは触れない。別の機会に書くことにしたい。女の話が出たので、稲山嘉寛の女の話を書くことにする。一度ならず引用した「第六回史潮会」の速記録に次のように書かれている。

長塩　それから稲山というのがいましたね、新日鉄の。経団連の第五代会長ですか。稲山嘉寛という。日中友好商社のサンイチキギョウ（?）というのがあった。このサンイチキギョウのある中国人の妹というのと稲山が懇意になった。その中国人の女と稲山が付き合ったがために、稲山は中共に対して頭が上がらなくなった。

A氏　ハニートラップですね。

長塩　ええ。

A氏　累々たる死体の山ですね。

長塩　死体の山ですよ。

A氏　あれもこれもみたいな。(笑)

二階堂進はなぜ、「三百億バンザイ」と叫んだのか

数多くの〝角栄本〟の中で、一風変わった本がある。『田中角栄と日本人』（一九八二年）である。著者は、宮城音弥、小田晋、宮川隆義、岡野加穂留、加藤英明、B・クリッシャー、A・ホルバートの七氏である。この中の、宮川隆義の「角栄人気の日本的風土と支持基盤」から引用する。

鏡に映る田中角栄像は変幻万化で、振幅が激しい。首相在任中、世論調査史上、最高の内閣支持率から僅か二年四カ月で最低の支持率に急降下したように、角栄評価は、めまぐるしく変化する。そのため、極端に相対立する主観的評価だけが伝播、増幅作用し、田中角栄を〝虚像〟の〝巨人〟に仕立て上げたきらいがある。そして、自分達が創った、その虚像の〝影〟を信仰する者と忌避する者とに分かれ原始宗教的評価対象になっている。田中角栄は、信仰する者にとっては〝万能者〟であり、忌避する者にとっては〝諸悪の根源〟である。いわゆる〝唯角史観〟である。

この史観は平成の世になってもまだ生きている。田中角栄は〃万能者〃であり、また〃諸悪の根源〃である。正直に書くならば、私は田中角栄を〃諸悪の根源〃という点から見ているかもしれない。しかし、田中角栄現象、あるいは角栄伝説を追って、この本を書いている己を発見する。多くのジャーナリストたちは、一国の宰相が刑事事件の被告に問われていることに熱中した。しかし、私は、一国の宰相が中国という国家に日本国を売ったという事実にのみ熱中しているのである。

「なぜ、田中角栄は日本を中国に売ったのか?」

青木直人・古森義久共著の『終わらない対中援助』に、国貿促《こくぼうそく》のことが書かれている。国貿促は、国際貿易促進協議会の略称で、日本共産党左派の連中が作った中国貿易案内組織である。先述したように、当初は主に中小企業と中共の貿易の仲介業務をしていた。

青木 ……面白い話がありまして、中国は国交回復前まで、「日中友好」に尽くしたと国貿促などを「井戸を掘った人々」と呼んでいました。これは周恩来元首相の言葉として有名です。しかし国交回復以後、大手企業とつき合いたい中国は、中小企業中心のこうした友好団体に対してこう言いました。「北京ではもう井戸の水は飲みません。水道の水を飲んでいます」と。

この文章の意味することとは、青木直人が何を意図しているのかは別として、日中国交回復後、中国は日本の大手企業と取引をするようになった、ということである。その大きな変化を中国にもたらしたのは、国交が回復するとすぐさま始まった日本の対中援助だということである。大平正芳が首相になり、田中角栄の意向で中国を訪れたのが一九七九（昭和五十四）年十二月となっているが、それはあくまでも表向きの政府発表なのである。

それではもう一度、『満洲と日本人』から佐藤慎一郎の講演記録を引用する。重複するが読んでほしい。

この三千億はですネ、僕は注意しとく。建設に貸したんですよ。どこだか開発する、どこだか港湾を作ると言って、建設資金として三千億を貸してるんだ。ところがいつの間にか、新聞に出たのは、建設資金で貸してる一千四百億円はネ、長期借款に切り換えてる。この狡いこと、見てごらんなさい。これ、すぐ政治献金につながるんです。田中にカネなくなりませんよ。田中の秘書官が毎年、北京へ行くんですよ。そして鄧小平に会って来るんですよ。日本の大使館、これタッチ出来ないんですよ。何話して来たか、分からないんですよ。そして田中の秘書が帰って来てね、田中とこうこうやってるんです。そして三千億のうち、一千四百億はネ、長期借款に切り換えてしまってる。これ、何のためだというんだ。僕はこういう話、さっぱりわけ分からんからネ。俺のところへいっこう来ないからネ、行き先、決まってるらしいんだ。

岩見隆夫（毎日新聞論説委員）の『角さんの鼻歌が聞こえる　PART3』（一九八二年）から引用する。佐藤慎一郎が指摘したのと同じ場面が描かれている。二階堂進総務会長が登場する。

「二階堂外相」の環境づくりは着々と進められてきた。欧米駆け歩きにとどまらず、九月はじめには北京に飛び、難題の対中プラント建設資金供与問題を事実上決着させた。政府間交渉なのだから、なにも二階堂がでしゃばることはないのに、という声が自民党の内外で聞かれ、二階堂も、

「ぼくは党の役員にすぎない。日中政府間の橋渡しをしただけで、交渉権も代表権もないから、話を決めたわけではない」

と控え目なコメントをしたが、この一件の背景には中国側と田中派の思惑の一致がある

とみていい。

右の文章を読むと、「中国側と田中派の思惑の一致」が何であるかを理解できる。それは、佐藤慎一郎の講話にあるように、中国側からのたび重なる対中援助資金の要求であり、それに応じる田中派のリベートの要求である。続けて読んでみよう。

鄧小平副主席との会談で、鄧は、

「日中間に重大な問題が起きると、いつでもあなたがくる。これからも問題がでてくればきてください」

と最大限の賛辞を二階堂に贈った。中国側の日本政界研究は微細にわたっているといわれる。鄧は田中と田中派の力量も苦境も熟知したうえで、二階堂を招き、懸案の解消と、二階堂に花をもたせることの両方をやってのけた。二階堂もそれを承知で対応している。

さらに先を読めば、中国側は「二階堂外相」の実現をバックアップし、二階堂に期待するところも大きく、それは田中派の利害とも合致する。期待の内容はなんなのか。鄧・二階堂会談が行なわれた翌日の九月九日夜、宿舎の北京飯店で二階堂と竹入公明党委員長の密談があった。

「十時すぎに二階堂が竹入の部屋を訪れ、三十分間から一時間」というのが、各紙に載った共同電だが、その中身の乏しいベタ記事を食い入るようにみた政党、外交関係者は多かった。

右の文章を読み、原稿用紙に写しつつ、私は、どうして田中角栄は〝闇将軍〟でいられたのであろうか、と考え続けていた。また、どうして、自民党議員たちは、対中援助（ODA、この件は後述する）という日本政府が最も重要視してかからなければならない国家プロジェクトが、田中角栄とその側用人《そばようにん》である二階堂総務会長に一任されている現状を打破しえなかったのか、と不審に思った。その田中角栄はロッキード事件で起訴されている刑事被告人である。

また、佐藤慎一郎の講話と重ねて、こうも考えた。田中角栄は、中国利権そのものの存在を隠し、これを表に出すことも赦《ゆる》さず、表に出そうとする政治家は、その政治家の生命とはいわずとも、代議士としての資格を失わせしめる装置を持っていたと。

右の文章を記したのは、毎日新聞の論説委員である。毎日新聞も朝日新聞と同様、田中角栄のロッキード裁判に関しては批判的に報じていたが、中国問題については、ひたすら「ヨイショ！」の立場を堅持していた。ましてや田中角栄の中国利権について、私が引用した岩見隆夫の本を超えるものは一つとしてない。中国利権に関しては、田中角栄は当時、何人《なんぴと》からも追及されることはなかった。

しかし、たった一人だけ、この田中角栄の中国利権を追及し続けた男がいた。それが佐藤慎一郎であった、というわけである。

竹下登の『政治とは何か　竹下登回顧録』（二〇〇一年）の中に、矛盾に満ちた、しかし内容に富むエピソードが登場する。この回顧録は伊藤隆と御厨貴がインタビューし、編集したものである。まずは次のインタビュー記事を読んでもらいたい。


――それは田中内閣のときですね。

竹下　ええ、田中内閣です。

――佐藤内閣の官房長官をやられて、田中内閣の筆頭副幹事長。

竹下　田中内閣当時の筆頭副幹事長だったということです。

二階堂さんと鄧小平さんにいたっては、三千億円の円借款をやってあげたのに、二人とも「三百億万歳」なんて言っているんだからね。そのときの中国側の通訳が、今でも忘れないけれど、今は上の位になった通訳で、僕に「先生いいじゃないの。二人とも喜んでいるのことあるから。あの人たち単位わからないよ」と言っていた。一桁少ないのに「万歳」なんだから（笑）。

――この内閣改造ですが、沖縄返還協定はもう調印されていて、それで佐藤内閣も、もうこれ以上はないだろうという時期ですね。その幕引きになることは……。

竹下　幕引きになるということは覚悟しておりました。

竹下登の回顧録は実に理路整然としている。時間の流れに沿って、なんら矛盾点なく述べられている。しかし、この部分だけは、まことに矛盾だらけなのである。

竹下登は佐藤栄作内閣で官房長官を務め、田中角栄内閣ができると、筆頭副幹事長となる。その当時を振り返っての質問に答えたものだ。

しかし、このインタビューでは突然に時間と空間が飛び、大平正芳が中国に渡り、対中借款で三千億円の金を提供する場面へと突然、移るのである。しかも、円借款は三千億円なのに、二人とも「三百億万歳」と叫んだというのである。

私はこの竹下の語るエピソードを読みつつ、三千億円の円借款の事件が竹下の脳裡深くに刻まれて忘れえぬものになっていた、と思うに至った。「三百億万歳」と叫ぶ二階堂進と鄧小平の姿に納得した。この竹下登の発言場面はまさしく、大平急逝後に鈴木善幸が首相になり、竹下登が大蔵大臣として登場した一九八〇（昭和五十五）年ごろの話である。二階堂進は三千億円の円借款が決まると、中国側から田中角栄へのリベートの「三百億円」を正式に要求した。そこで、二階堂進は「三百億万歳」と叫んだ。鄧小平も二階堂進に応じて、やはり、「三百億万歳」と言ったということである。竹下登も中国側の通訳も、この二人が演じた「三百億万歳」に愕然《がくぜん》としたのである。

人間は突然に、過去が甦ってくる。竹下登は、佐藤内閣から田中内閣への移行期を語り、突然、鈴木善幸時代の二階堂進の怪しげな姿を思い出し、あらぬことを伊藤隆と御厨貴に喋ったのである。二人の学者は、その竹下登の言葉の意味を解することなく、修正もせずに、そのまま書きとめたのであった。

周恩来の現金にころんだ訪中記者団

『別冊正論』についてはたびたび引用した。この雑誌の中で、佐藤慎一郎の弟子、長塩守旦が、師である佐藤慎一郎の「秘密報告書」の一部を公表している。私は、この報告書の全貌を知ろうと努力したが叶わなかったことをすでに告白した。ここで『別冊正論』の中でも、特に田中角栄に関するものを、即ち、田中角栄の中国利権に関するものを読者に知らせようと思う。〃二番煎じ〃の資料でないかと思われる読者がいるであろうことは百も承知である。しかし、一度、この報告書を読んだ人も、再読してみる価値があると私は思っている。戦後史の資料で第一級のものであるにもかかわらず、『別冊正論』に一度掲載されただけで二度と一般の人の視界から消えている。前口上は以上である。

長塩　昭和五十六年十一月の「秘密報告書」には、こう書かれていますね。

《十数年前（註・昭和三十年）、各社の記者たちの団体（註・日本新聞放送中国視察団）が中国を訪問したことがある。日程を終わった最後の日に、周恩来が「これでお土産でも買って下さい」と言って、彼らに現金を渡した。橘《たちばな》が「ちょっと待って下さい」と言って別室を借り、そこで各社の記者たちと、その現金の扱いについて相談した。

ところが、「このような金を受け取るべきではない」と主張したのは橘一人だけで、他の全員は「もらっておけばよい」という意見だった。しかし橘は頑張り通して全員を説得し、その現金をまとめて周恩来に返した。周恩来は、とたんに不機嫌になり席を蹴って去った》

結局この一件以来、中共としては日本から来た訪中団に直接カネを渡すのはやめて、在日の中国系組織を通じてカネを渡すことにしたわけです。

次に、一九八一（昭和五十六）年十一月の「総理大臣秘密報告書」を記す。読みづらい点が多少あるが、肝心な点だけでも知ることがよいと思う。なお、文中、××と伏せ字にされているのは長塩守旦の配慮であると思われる。

《中国の対日工作資金は、どのような方法で〔ターゲットとなった〕日本人の手に渡されるのか。例えば、鄧小平から三百億円が田中角栄に（三千億円借款上乗せのリベートとして）渡される場合、どんな方法がとられるのだろうか。

中国からわざわざ現金を日本へ運んで来る必要はない。いつでもその目的で使えるように、既に現金が東京に用意されているのである。大陸から台湾へ脱出している華僑は約四万人いる。四万人の多くは、大陸に家族や親戚を残している。日本在住の六万数千人の華僑も大陸に多くの妻子や親戚を残している。これらの華僑が大陸の妻子や親戚に送金する場合、×××（報告書では実在団体名）が重要な役割を演じる。

×××は毎年、日本と台湾にいる十万人の華僑に対して、その年の大陸への送金計画について注文をとる。送金主と受取人の住所、氏名、送金額、送金予定日などを聞き、北京政府にそれを連絡する。北京政府は、送金を受け取る相手をその近くの政府機関に出頭させ、送金額に相当する「人民元」を相手に渡す。そしてその際、「確かに金を受け取った、という手紙を送り主にすぐに出すように」と指示する。その手紙が送り主のところへ届いた頃に、×××が送り主のところへ集金に行く。そして送金額を「円」で受け取る。（台湾在住の華僑は銀行送金で円を東京へ送る）。こうして×××に集められた円は、大陸に送られず、工作資金として日本に蓄積され、その額は現在、数百億円に達していると推測される。

そのほかに、×××には、友好商社の日中貿易額の中から何パーセントかを吸い上げた資金が積み上げられており、これらの資金は北京の指示によって指定された金額がいつでも指定された相手に届けられることになっている。(過激派にその資金の一部が渡されたこともある)。この方法を利用すれば、鄧小平は田中角栄にいつでも百億円や二百億円の金を、こっそり届けることが出来る。しかし、このやり方は外国為替管理法違反に該当する筈である。検察や警察は何故これを見て見ぬふりをしているのであろうか。(日中借款のリベートは、第二のロッキード事件ともいえる大規模な国際汚職である)》

この「秘密報告書」が一九八一(昭和五十六)年十一月であり、次に引用するのは同年三月の「秘密報告書」である。

《田中角栄の秘書の早坂茂三はしばしば訪中し、訪中の度に必ず鄧小平と会談している。この事実は、田中角栄と中国との間で今でも何か秘密の「よくない」相談が続けられていることを示しているように思われる。(中略)角栄が日本で復権を企図し、中国がそれを全面的に支援する見返りに、田中は鄧小平に対して日本を全面的に売り渡すような約束をしているのだろうか。(中略)鈴木首相の訪米の際、日本から米国に対して「レーガンの台湾接近政策について心配している。中国に不安感を与えることは賢明でない」と進言する予定だと新聞が報道しています。(中略) 鈴木首相の中国政策の背後には、鄧小平と連絡を続けている田中角栄のリモコンが働いているように思われてなりません》

この「秘密報告書」を読むと田中角栄なる人物の素性が見えてくるだろう。一九八一(昭和五十六)年五月の「秘密報告書」を見ることにする。田中角栄がより見えてくる。

《共産中国の十億の人民は、共産党の圧政に苦しみ、弾圧の力が弱まることを熱望している。日本がどのような資金援助をしても、それは人民にとって何の利益にもならず、あべこべに人民を苦しめる共産党の独裁者たちの力を強めるだけである。その意味からも、日本は、中国政府や中国共産党を助けるべきではない。

日本政府の対中国政策の根本的錯誤は、中国の人民と中国政府を混同しているところに在る。日本が中国に対して不必要な贖罪《しょくざい》意識を持つと、それを中国側の「用敵作戦」に利用されて、日本の対中国政策は失敗する。今、日本政府はその失敗の道を進んでいるように見える。(中略)

鄧小平の対日対米工作の狙いは、(毛沢東が日本と国民党を戦わせながら、国民党の資金と武器を入手したのと同様に) 米ソを戦わせながら日本と米国から資金と武器を入手する

ことであろう。鄧小平の対日工作も、彼の用敵作戦を知らなければ、その真意を見抜くことは出来ない》

右の「秘密報告書」の内容を佐藤慎一郎は原稿に書き、講演し、いろんな場で訴えてきた。私も多少なりとも、佐藤慎一郎の思想を伝えてきた。私は正直に書こうと思う。私は田中角栄という政治家を嫌悪し続けている。この男には、自己満足という夢はあるが、国民を幸せにしたいという夢を全く持っていない。中国から三百億円のリベートをのうのうと貰い受け、「三百億万歳！」と側用人の二階堂進に叫ばせているのだ。

私は読者に問う。金のために、日本という国家を売った政治家をあなたは赦せるのかと。そうか、それでも、田中角栄は日本の英雄なのか。

【第5章】

角栄と鄧小平によって日本は暗黒国家となった

カネさえ積まれれば国を売ってしまう宰相

田中角栄はせっかちである。このことは、彼を多少なりとも知る人なら誰もが認めている事実である。すぐに相手の意向を飲み込んでしまう。「わかった、わかった」と口走る。一度引用した『田中角栄と日本人』の中で、宮城音弥は「田中角栄の性格」を論じ、次のように書いている。「田中角栄は、精神的テンポの驚くほど速い人間であり、彼の能力、彼の成功はこの性質を無視しては考えられない」。そして、その一例として日中国交正常化のときの一エピソードを挙げている。

精神的テンポが速いために、歩くのも速い。日中国交正常化のとき、北京に行った田中は、大平外相、二階堂官房長官を引き離して、どしどし急な坂道を登った。いっしょに行った中国の姫鵬飛外相が言った。

「田中総理、も少しゆっくりお歩きくださいませんか」

田中角栄はバセドウ病、つまり甲状腺機能亢進症にかかっていたことを告白している。「この病気になると、甲状腺が腫れて、眼球が突出し、脈が悪くなり、ひどく汗をかいて痩せることが多く、精神的にも興奮しやすく、落ち着きがなくなる。気分は、躁《そう》状態、つまり、愉快になり活動的で頭の回転が速いことが多いが、逆に憂鬱《ゆううつ》な気分になることもある」と宮城音弥は書いている。そして、宮城は田中角栄について、次のように結論づける。

私は、むしろ、田中角栄の性格の土台は、躁鬱質であり、その精神的テンポの速さは、躁鬱質のうちの躁型の性質だと考えている。

心理学者宮城音弥の田中角栄評をどうしてここに引用したのか。それは、田中角栄は何千万円、否、億の単位の商売話を、この「精神的テンポ」の速さで即決していたからである。商売、すなわち金儲けに限らず、政治の面での懸案も彼の「精神的テンポ」の速さで即決されていく。田中角栄の魅力はまさにここにある。だが、彼の欠点もまさに同じところにある。

周恩来は彼の「精神的テンポの速さ」を利用しようと企み、そして見事に成功したというわけである。佐藤慎一郎は周恩来の狡智を見抜き、田中角栄の「精神的テンポの速さ」が逆に利用されるのを知ったがゆえに、訪中寸前の田中角栄に「待った」をかけようとしたが失敗したのであった。

もう少し、宮城音弥の説を書いてみたい。彼以外に田中角栄の性格を分析した学者はいないと思うからである。宮城音弥は、田中角栄は躁鬱質のリーダーであるといい、三つの性質を指摘する。

(一) 勇敢な冒険者および粗野で民衆的な荒武者
(二) 大胆な組織者
(三) 融和的で人々の間を調停する者

田中角栄がこのタイプを持っていることは間違いのないところである。田中角栄は、右に挙げた三つの資質を大事にし、政治献金と汚職収賄の区別を曖昧にした。

私はこの本で、巷間流布する「角栄伝説」を打ち破ろうと思っている。「角栄は絵になる」ということは、田中角栄が普通の人々と異なり、劇的な性格を有しているということであろう。私は今、田中角栄に挑戦する意欲を燃やしている。

服部龍二の『日中国交正常化』は一度ならず引用した。その本の中に、田中角栄と大平正芳が、田中角栄が首相になって直後の一九七二(昭和四十七)年八月三十一日に、ハワイでニクソン大統領とキッシンジャー補佐官と会見した場面が描かれている。その会談について、服部龍二は次のように書いている。

会談そのものは成功だったにせよ、田中にとってのハワイ訪問は、まだ見ぬ悪夢の序幕でもあった。のちに発覚するロッキード事件において、ハワイで接触が行われていたのである。大平は田中に、「外国の金をもらうな」と口酸っぱく忠告していたものの、「角さんはどこ吹く風だった」という。

そのことがやがて田中の政治生命を絶つことになろうとは、いまは知るよしもあるまい。田中はもとより、大平としても痛恨の極みであった。

この服部龍二の文章が明かすように、田中角栄は、ロッキードから金をもらう約束をハワイでする。私は五億円のロッキード社からの金の流れをあまり追わないことにする。田中角栄は金によって成長し、金によって権力を掌中にし、そして、ついには総理大臣にまで昇りつめた男である。ロッキード事件は騒ぐほどの大事件ではない。「角栄伝説」の綻《ほころ》びの単なる一例と見るべきであろう。

私はこの本を書くにあたり、数多くの〝角栄本〟を読んできた。その中で、森省歩の『田中角栄に消えた闇ガネ』（二〇一三年）を読み、この本を読者に紹介したくなった。この本は二〇一三年に出版されているが、「角栄没後20年、追跡取材10年」とオビに謳っているように、過去の事実を再生したものである。私が特に注目したのは、この本が一九七三（昭和四十八）年八月八日に発生した「金大中《キムデジュン》拉致事件」について書いているからである。

同書から引用する。

当時、韓国の朴正煕《パクチョンヒ》政権は国内外から、「軍事独裁政権」との批判を浴びており、「韓国民主化運動」の旗手だった金大中もその朴政権を鋭く批判していた。事件は二年前に行われた大統領選では野党の金候補が与党の朴候補をおよそ九五万票差にまで追い詰めたが、その後、金大中は自身に忍び寄る身の危険からアメリカと日本を往復する亡命生活を余儀なくされた。

そんな中、日本に滞在中の金大中が、白昼堂々、東京・九段下に近い「ホテルグランドパレス」から何者かによって連れ去られたのである。

この後始末の物語はとても長い。それですべて省略する。金大中はその後、龍金号というKCIA（韓国防諜機関）の持船で、海中に投げ捨てられそうになるところを、船の上空に飛来した米軍（あるいは自衛隊とも）の飛行機に発見され、一命を取り留める。この事件は大きく政治問題化する。

田中角栄はその頃ヨーロッパに外遊していた。帰国して八日後、この金大中拉致事件は政治的決着へ向けて一気に動きだす。なぜか？

森省歩はその謎を田中角栄の故郷、新潟県西山町で解く。二〇〇〇（平成十二）年夏、彼は田中真紀子について調査すべく西山町を訪ねる。そこで田中角栄の後援組織・越山会《えつざんかい》の主要メンバーの一人、木村博保と出会う。木村は森省歩に、かつての田中角栄との金銭の様々な取引を暴露するのである。その中の一つが「金大中拉致事件」に関するものであった。

この事件について、月刊『文藝春秋』二〇〇一年二月号に「木村証言で『闇の扉』が開いた」（森省歩）、そして同号に、「私は見た田中角栄『四億円受け取り』の現場」（木村博保）が同時掲載された。

ここでは森省歩の著書からの引用の形をとるが、内容は木村博保の証言が基になっている。

一九七三（昭和四十八）年の九月下旬、木村博保の自宅に電話がかかってきた。

「木村先生、お久しぶりです。李乗禧《イビョンヒ》です」

二人は旧知の仲であった。李乗禧は朴政権の無任所大臣で、木村とは日韓親善協会の関係で知り合っていた。電話から数日後、李乗禧は木村のもとを訪れ、「金大中事件について何かいい解決法はないか」と尋ねた。

一気に舞台を東京に移す。李秉禧は目白の田中邸に案内しろという。木村は「十月八日か十九日」であったろうという。田中角栄はちょうど外遊中で、十月十九日に会えることになった。

「お土産は、田中総理と奥さま、両方に持っていこうと思います」

奥さまとは田中角栄の女房役であった外務大臣の大平正芳のことであった。李秉禧は二つの紙袋を持って木村の前に現れた。一つが二億円であるのは木村にはすぐに理解できた。かつて目白邸に、同じ大きさの紙袋に現金を入れて運んだことがあったからだ。李秉禧は駐日大使館からタクシーに乗り換えて目白邸に向かった。

ここからは同書から直接引用する。


木村と李が角栄の斜め左右の位置に腰を下ろすと、それまで沈黙していた李が入り口の紙袋を指差し、角栄に向かってこう言った。

「お土産でございます。一つは奥さまにどうぞ」

この手の話に対してはむろんのこと、人並み外れた勘の鋭さを持つ角栄である。二つの紙袋にチラッと目を遣った角栄は、李の持ってきた「お土産」が「現金」であること、はっきり言えば「闇ガネ」であることを、すでに察知している様子だった。

「うんうん」

こう頷いた角栄を見て、李は真っ白な和紙に綴られた手紙のようなものを背広の内ポケットから取り出すと、

「朴大統領からの親書でございます」

こう言って角栄に手渡した。

角栄は両手で手紙を開き、文面にサッと目を通すと、

「朴大統領はお元気ですか」

こう言うが早いか、李の返事を待たず、

「色紙書こうか」

李に対して、こう畳《たたみ》かけていった。

この瞬間、名状しがたい戦慄が木村を襲った。

——たしかに親書は受け取った。お土産の意味も理解した……。角栄さんが口にした「色紙」は、すべてを呑み込んで事件に目を瞑《つむ》るとの自分の意思を問わず語りのうちに朴大統領へ伝えるための、言わば「受領書」なのだ。この人はカネさえ積まれれば自分の国まで売ってしまうのである。

まことに長い引用となった。私は森省歩の本を読みつつ、何がなんでも、金大中事件の真相を少しでも読者に知らせたいと思ったのである。

越後の片田舎で、自身の生涯を通じて田中角栄を応援し続けた木村博保が「この人はカネさえ積まれれば自分の国まで売ってしまうのか」と悲しみの声を上げる心情を、どうか読者は深く考えてほしい。周恩来は田中角栄に「お前さん、小人だよ」という内容の色紙を贈った。韓国大統領・朴正熙も、周恩来と同じように田中角栄を評価していたにちがいないのである。

田中角栄は四億円のうちの一億円を大平正芳外務大臣に渡した、とこの本に書かれている。言わずもがな、この金大中事件はその後、日本側の屈辱的な譲歩によって〝一件落着〟とされた。

森省歩の著書の題名にあるように、「田中角栄に消えた闇ガネ」は無数にあると思っている。闇将軍となってから、田中角栄の子分たちは韓国に大量に渡り、種々の政治工作に勤《いそ》しむである。ただ、闇将軍から金を貰うだけではなかったのである。

田中角栄はトリックスター（道化役者）だという説が、彼が首相になり、退陣する頃に流行《はや》った。作家井上ひさし、文化人類学者山口昌男たちが唱えた。自由奔放な行動ですべての価値をひっくり返す神話的いたずら者、つまり文化ヒーローとしての道化者である。すなわち、田中角栄は創造者であると同時に破壊者、善であると同時に悪であるという両義性をもつトリックスターとして祭り上げられつつあった。それはまるで、未分化されたままの社会に登場した人間の意識を象徴していたようである。山口昌男は田中角栄をスサノヲノミコトと言った。道化の王である。しかし、道化の王は祭り（ハレ）が終わると、元《もと》の木阿弥《もくあみ》になっていくのが世のならいである。しかし、角栄という道化師は、自分を選んだ国民を支配し続けようとした。

そして、この日本という国に何が起こったのか。

田中角栄という道化は、道化の神から脱皮して、力ある神に変身しようとしたのである。俗っぽい表現をするならば、総理退陣後、田中角栄主演の復讐劇が始まったのである。その復讐劇に、ロッキード事件が色を添えることになる。かの『忠臣蔵』を数十倍、否、数百倍にした復讐劇の演出費用として、対中借款が創り出されたというわけである。あの竹下登がオーラル・ヒストリーを口述する過程で、突然に、鈴木内閣時代のことを思い出し、二階堂と鄧小平が「三百億万歳」と叫ぶシーンを語ったのは、その復讐劇を象徴している。

私たちは田中角栄主演の復讐劇が未完のままに終わっているのを知らない。日中国交回復も、対中借款問題も、その真相は田中角栄が死とともに、すべてを闇の中に持っていった。だからこそ、彼の復讐劇の意味を知ろうではないか。その意味を知ることが、トリックスターから、力ある神へと変身した田中角栄の真実に迫る唯一の方法に思えてくるのだ。

ロッキード事件と二人の愛人の物語

佐藤慎一郎は一九九九（平成十一）年十月二十五日に、九十四歳で亡くなっている。死の二年前の一九九七（平成九）年六月十四日に講演した「九十自述　第一回例会」の中で次のように語っている。

この僕の本当に遺したい資料は日本民族に希望をつなぐから遺したい。そういうの、確かにあるんです。確かにあるんですけどね、専門でないと、四、五人の組織で生活の心配なくしてやるんでないとできない。これは防衛庁知らん顔している。政府は知らん顔している。公安調査庁知らん顔してる。何もない。日本民族はこう行くべきだという日本民族の使命感一つ示さない。こんな国なんてないよ、本当。癪《しゃく》にさわってしょうがない。

佐藤慎一郎は、自分の資料を防衛庁、政府、公安調査庁に提供しようとする。しかし、彼の願いは無視される。彼は一世紀近くを生きたが、その大半を中国研究の中で過ごした。そして人生の最後に、息子たちに貴重な資料の全破棄を命ずる。その途中で思い直し、一九七九（昭和五十四）年十二月から一九八四（昭和五十九）年三月までの「秘密報告書」だけは彼の弟子の長塩守旦に託したのである。日本という国家は貴重な文化財を失ったのである。

佐藤慎一郎は青森県の出身である。青森県教育振興会が発行する機関紙によく寄稿していた。一つの記事をここに引用したい。コピーなので発行日が判明しないが、福田赳夫が首相であった一九七六（昭和五十一）年から一九七八（昭和五十三）年ごろに書かれた記事であることは間違いない。

オタマジャクシをのみましょう（産児制限の秘訣）

ところで振《ふる》っているのは〔中国〕政府のとりあげた産児制限の方法です。「わが中国には古来からの秘法がある。それはオタマジャクシ十五匹を清水で洗って、五日間のむと五年間は妊娠しない」というのです。政府はこれを宣伝して国民もその効用を信じてみんな協力しました。その頃、ある人が私に「オタマジャクシを中共に輸出したらうんと金もうけが出来る」と云って勧めたので、私は「しかし途中で蛙に変ったらどうする」と云うと「それももっともな話だ」と笑い話に終りました。

それから一年ばかりして人民日報をみると「オタマジャクシの産児制限は効き目がない。

服用した人はみんなお腹が大きくなった」という記事が出ていました。

この笑い話を、時の福田赳夫首相が「秘密報告書」の中で読んで、佐藤慎一郎に「とても面白かった」と述べている。福田赳夫は佐藤の「秘密報告書」を実に丹念に読んでいたという。この「秘密報告書」は田中角栄が首相の時代にも書かれている。しかし、田中角栄は外交音痴であるし（私はそう判断している）、国際情勢を熱心に勉強したという記事も存在しない。訪中と同じように、外交政策はまさに行き当たりばったりであった。外交上の懸案はほぼすべて大平正芳外相に丸投げしていた。

佐藤慎一郎の「秘密報告書」は、池田勇人から佐藤栄作へと政権が移った頃から政権中枢部の要人のあいだで精読され続けていたものの、田中角栄だけはこの報告書を無視したのではなかったか。田中角栄は首相としてすべき勉強を全くしていない。オイルショックの時代に世界中を飛び回ったが、実績をほとんど上げていない。この報告書が再度読まれだすのは、福田赳夫が首相になって以降である。したがって、この報告書は、田中角栄の闇の力で首相になった大平正芳、鈴木善幸の両首相に読まれた形跡はない。たとえ読んでいても、田中角栄には内密に読んでいたものと思われる。しかし、中曽根康弘は首相になると、直接に佐藤慎一郎からレクチャーを受けている。このことは後述する。

私は今、角栄劇場「復讐するは角栄にあり」の舞台装置について書いている。物語は舞台に女性が登場してこそ盛り上がるものである。角栄劇場に登場するヒロインはなんといっても、田中角栄の秘書であり、愛人でもあった佐藤昭子である。佐藤昭子の『私の田中角栄日記』（一九九四年）から見てみたい。

昭和四十七年七月七日（金）晴のち曇

五十四歳という史上最年少の総理大臣になった田中の人気は、異常なブームといえるほど凄まじい。佐藤政権は七年八カ月の長期に及んだ。国民は気分的に新しい変革をのぞんでいたのだろう。「決断と実行」のスローガンをかかげた若い総理の誕生を、マスコミもこぞって歓迎している。「今太閤」の称号を贈り、これ以上はないという高さまで田中を持ち上げているのだ。

「高小卒で天下を取る」（毎日新聞）

「野人総裁角さん、浪花節と〝電算ブルドーザー〟」（読売新聞）

「いま田中首相の登場を迎えて、変化への予感と期待がよみがえろうとしている」（朝日新聞）

田中角栄が首相になったのは、朝日新聞をはじめ、毎日新聞、読売新聞が周恩来の意向を受け入れて共同歩調を取り、それぞれの紙面で角栄待望論のキャンペーンを張ったのが大きな要因の一つだった。自民党総裁選で、田中角栄は想像を絶する大金をバラまいた。このことはすでに書いた。しかし、首相就任後に、予期せぬ事態が田中角栄と佐藤昭子を襲う。

昭和四十九年十月十日（木）晴

「田中角栄研究——その金脈と人脈」を掲載した『文藝春秋』十一月号が発売。ゲラの段階で記事を読み、怒りがこみあげる。田中は総理という公人だ。金脈だか人脈だかを追及されても仕方ない面もある。ところが、大変なおまけがついている。「淋しき越山会の女王」という記事。なぜ私のことまで書かなければならないのか。個人のプライバシーも何もない。児玉隆也なるライター、会ったことも聞いたこともない。ただ田中を蹴落とすために私を引き合いに出すとは、マスコミの卑怯さに腹がたつ。ただただ娘がかわいそう。

佐藤昭子は「大変なおまけがついている」と書いているが、児玉隆也の「淋しき越山会の女王」という記事はそれほど問題視されなかった。立花隆が書いた「田中角栄研究——その金脈と人脈」を読んで、多くの人々は、田中角栄がどのようにして、五十四歳という若さで総理大臣にまで昇りつめたのかを知ったのである。「越山会の女王」と田中角栄との愛人関係は、ほんの〝おまけ〟であった。このとき以降、田中角栄は総理大臣に不適格な人物であるとの烙印を押されるのである。

昭和四十九年十二月九日（月）快晴
田中内閣総辞職。三木内閣誕生。田中の挫折感、見るに忍びず。同時に内心でホッとするのを否めない。（以下略）

昭和五十一年八月二日（月）曇
連日、三十度を越す猛暑。弁護士二人が自宅に来訪。逮捕されて一週間になるが、田中は事件について何も供述していないと弁護士。それだけに検察は弱いところから落とす可能性があり、私が真っ先に狙われるだろうから覚悟しておくようにと。取り調べに備え、洗面用具などを用意する。

私は田中角栄が金大中拉致事件で、いとも簡単に四億円という大金を朴大統領から手にした事実を書いた。田中角栄が金を渡される現場に立ち会った木村博保が、「この人はカネさえ積まれれば自分の国までも売ってしまうのか……」と嘆く場面を読者に提供した。同じように、私は、田中角栄はロッキード関係の金を五億円もらっていると堅く信じている。その理由を問われれば、周恩来との密約、そして金大中事件の後処理を見よ、と言うに留めたい。

田中角栄にはもう一人の愛人がいた。辻和子という元神楽坂芸者である。彼女は『熱情　田中角栄をとりこにした芸者』（二〇〇四年）の中で次のように書いている。

「お帰りなさいませ」

わたしは玄関の中で待っています。

せっかちなおとうさんは自分で車のドアを開け、「おう」と言いながら下りてくると、十畳の居間に入っていらっしゃいます。

けれど、あの日はいつもと違っていました。ロッキード事件で逮捕され、保釈されてからの初めての帰宅でした。かなりの興奮状態で、どかどかと居間に入っていらっしゃいました。いつもの仕立てのいい紺の背広姿でした。

おとうさんは敷居《しきい》をまたぐかまたがないかのうちに立ち止まり、一点を見つめるような目でこう言いました。

「三木にやられた。三木にやられた」

と、二度。憂いを含んだ、かすれた声でした。いままで、味わったことのない重苦しい雰囲気に包まれていました。

わたしは膝《ひざ》をついて座り、おとうさんを見上げていました。いま思うと、あのときのおとうさんの様子からは、「憤懣《ふんまん》やる方なし」という言葉が浮かんできます。それまでの総理経験者が味わったことのない屈辱的な経験をして、さだめし悔《くや》しかったんだろうと思います。


田中角栄がどうしてロッキード事件で逮捕されたかについては、様々な説が囁かれてきた。私は拙著『瀬島龍三と宅見勝「てんのうはん」の守り人』（二〇一二年）の中で、ロッキード事件について詳述した。だから、同じことを記すのは止めたい。ただ一つだけ書くとすれば、「田中角栄がロッキードがらみの五億円の金を貰ったという、たった一つの事実あるのみ」とする。確かに、三木武夫首相が、稲葉修法相に田中角栄を逮捕しないように指揮権を発動させれば、田中角栄の逮捕はなかった。

田中角栄が辻和子に「三木にやられた。三木にやられた」と呻《うめ》いたのは、多分このことを指すものと思われる。

もう一度、佐藤昭子の日記に戻ろう。

昭和五十一年八月十九日（木）晴

三木総理の退陣を求め、福田、大平、田中、椎名、水田の各派が大同団結し、挙党体制確立協議会（挙党協）を設立。座長は船田中氏。田中派内にも三木総理、稲葉修法相に対し怨嗟の声。

ロッキード事件ほど、戦後史の中で興味深い出来事はない。この事件の中に、日本の過去、現在、未来がぎっしりと詰まっている。私はこの事件の後日譚を、日中関係の面から追うつもりである。ロッキード事件は、裁判を通じて、語られ、書かれてきた。しかし、この事件は別の書かれざる物語をいまだに秘めている。この事件ゆえにこそ、対中借款＝ＯＤＡが増加していくのである。

佐藤慎一郎はこの事件について何ら書いていない。語っていない。全く無視している。たぶん、彼はロッキード事件と並行して、周恩来、毛沢東亡きあとの中国の指導者となった鄧小平と田中角栄の異常な接近に注目し続けていたのである。

私が山ほど読んだ〝角栄本〟の中に、今井久夫の『角栄上等兵とヒトラー伍長』（一九八二年）がある。読み始める前、私はこの本の題名にまず驚いたのであった。しかし、読み進むうちに、この本は田中角栄という人物を見事に捉えていると認識するに至った。この本で今井久夫（元サンケイ新聞論説委員）は田中角栄と三木武夫の確執を描いている。三木首相が法相稲葉修に指揮権を発動させていれば、罪を問われることがなかったのに……という無念の思いについて、今井久夫は次のように書いている。

いま田中は、自分で自分の仇を討とうとしている。三木を討ち果たすまで田中は成仏しない。その意味で田中は怨念の化身であり、怨念の権化である。三木の首を取るまで田中は生きつづけるだろう。しかし三木の首を取った瞬間、田中は死ぬかも知れない。

田中は三木そのものの存在を否定する。ということは、三木のすべての主張に反対し、三木の行動をことごとく非難する。三木のかかわり合うものはひとつ残らず許さない。田中の憎悪は三木の一家眷族《けんぞく》に及び、三木派の一族郎党に至る。

私は右の文章を読みつつ、「はっ！」とした。この一瞬に田中角栄の新しい人物像が私の頭の中をよぎった。まさしく、田中角栄は「復讐の神」となっていた。指揮権を発動しなかった稲葉修は執拗な選挙妨害に遭い、落選した。三木武夫の地元・徳島の選挙区には、田中角栄の最も信頼する懐刀、後藤田正晴がのり込んできた。多くの選挙区で三木派議員は田中角栄に邪魔され、その多くが落選した。

田中角栄が福田赳夫を自民党総裁選で破り、勝利したとき、第一の功労者は三木武夫であった。三木武夫は戦前からの政治家であり、戦後にはマッカーサーが首相になれとまで勧めた政治家であった。自民党総裁選があるたびに立候補した。その三木が、田中角栄を自民党総裁にすべく、大平正芳、中曽根康弘らを、田中角栄支持でまとめたのである。

もし三木が福田赳夫を応援していたら、田中角栄は自民党総裁選に出馬さえできなかったであろう。今井久夫は「政治家の深層心理に沈んでいるのは、愛や誠や和とは無縁の概念である。どう考えてもそれは怨の属性に近い。田中角栄を見ているとそれがよく分かる」と書いている。田中角栄にとって、愛情と憎悪は紙一重、まさに二者択一であった。愛するか、憎むかであった。だから現在も、角栄評は完全に二分されている。田中角栄を愛するか、それとも田中角栄を憎むかである。田中角栄は、愛と憎しみの中で一生を終える。人情まさに紙風船。

読者は理解できたであろうか。田中角栄が三木武夫に怨念を燃やし続けたのは、ロッキードの金を貰ったことの後悔の念の裏返しであることを。まことに彼は〝復讐するは角栄にあり〟と絶叫しつつ、三木潰しに全力を尽くすのである。そして、そのための資金を求めて、鄧小平と手を結ぶのである。

鄧小平の対日工作に福田赳夫は応じなかった

一九七六（昭和五十一）年十二月十七日、三木首相は総選挙敗北の責任をとると発表。同月二十三日、自民党は福田赳夫を後継総裁に選出した。こうして、田中角栄、三木武夫に継いで、福田赳夫が首相になった。福田赳夫は翌二十四日、臨時国会の冒頭で首班指名を受けるとすぐに組閣を行った。外相には鳩山威一郎（参議院）が就いた。翌一九七七（昭和五十二）年一月三十日、再開された第八十通常国会で、福田首相は施政方針演説を行った。その中で外交について次のような方針を示した。

「日本外交の緊急課題として先進工業国間の協力を挙げたい。日米関係はかってないほど安定している。日中平和友好条約は、双方に満足のいく形で実現をめざす」

福田内閣を支えていたのは、表面的には福田、大平、田中の各派であった。これを人々は保守本流の名で呼んでいたが、内実は複雑であった。大平正芳は幹事長になった。田中派の西村英一（七日会会長）は副総理となった。この時期、三木降ろしには成功したが、田中角栄は福田首相とどう対決していいのか分からなかった。同年十一月二十九日、福田首相は内閣改造を行った。外相に園田直（福田派）がなった。田中派からは金丸信が防衛庁長官に、山田久就が環境庁長官になったものの、田中派の冷遇がはっきりとした形で表れた。

この期間中、中国との間に大きな問題が発生した。一九七八（昭和五十三）年四月十一日、二百隻にのぼる大量の中国漁船が尖閣列島を占拠したのである。在日中国大使館の宗文一等書記官は「一九七一（昭和四十六）年十二月三十日の中国外交声明どおり、尖閣列島は中国の領土である」との声明を出した。

田中首相が訪中した際、この問題を出しかけたが周恩来は「今回は止めておきましょう」と一方的に、尖閣問題の話し合いをやめている。

以降、日本側は「領土問題は存在しない」という認識を中国側に示していた。それが尖閣列島を一時的とはいえ、中国が占拠したのである。中国側は漁民の占拠と主張し続けたが、漁民の服装、携帯していた機関銃などにより、漁民は実は中国海軍の軍人であることが判明した。自民党の国会議員が騒ぎだした。特に中曽根康弘（自民党総務会長）は党の総務会の席上で、中国側を激しく攻撃した。彼は言い放った。「尖閣列島占拠は日本の領土の侵犯である。中国みずから外国に覇権行為を行うものである」

こうなると、中国側は慌てるのである。ちょうど北京訪問中の社民連代表の田英夫《でんひでお》に、耿飈《こうひょう》副首相が「偶発的出来事であった」と釈明し、漁船を引き揚げさせて、一件落着となった。

この事件は後にたびたび繰り返されることになる。日本側の態度を見ようとする意図である。そして、ここにはもう一つ、実に大きな問題が秘められている。それは尖閣列島から海軍の船を引き揚げるから、もっと対中借款を寄こせということである。福田赳夫が首相であった時代は、中国側の要求を拒否し続けた時代である。では、どうなったのか。中国側はこの尖閣事件以降、積極的に対中借款、すなわち、対中援助を働きかけてくるのである。かのとき、中共政府は崩壊寸前であった。

尖閣列島に大量の海軍船が押し寄せたのは、一九七八（昭和五十三）年四月であった。場面をその二年前に戻そう。

エズラ・F・ヴォーゲルの『現代中国の父　鄧小平（上）』（二〇一三年）から引用する。

一九七五年一二月から七六年九月までの一年足らずの間に、中国では四人の長老が死去した。一番目の康生《こうせい》は腕利きの内部スパイで、何百人もの人々を革命の裏切りとして殺害する汚い仕事を毛沢東のために行い、七五年一二月に死んだ。次に周恩来総理が七六年一月八日の朝に亡くなった。さらに紅軍の創設者で初期の軍事指導者だった朱徳《しゅとく》が七月に死去した。そして九月にはその三人の上に君臨していた毛主席が逝去した。彼らの死と、一〇月に四人組が逮捕されたことで、神のような一人の革命家が国家全体を揺り動かすことのできる時代も終わりを迎えた。

周恩来が毛沢東より早く死んだことは、毛に周の葬儀を手配し、その性質を決める権限を与えた。そして毛はその機会を使い、中共の基準からして周の貢献に対する敬意を最低限にとどめることで、多くの人々の彼への思いを踏みにじろうとした。だが、毛の策略は裏目に出た。中国の多数の人々は説得されるどころか、彼らが尊敬し思慕する周が、死後に当然与えられてしかるべき評価を与えられなかったことに失望したのである。

世にいう天安門事件が発生した。佐藤慎一郎は『青教あしかび』(一九七六年六月一日付)で、リアルタイムで周恩来の死を伝えている。

周恩来が死んだ。周恩来の写真を祭った。ところが誰も命令しないのに何十万の人が集ってその徳を讃える。そういう気分があるわけです。で中共では「周恩来をやっつけろ」という運動がずっと行われていたわけです。これは人民日報をよくごらんになっておれば分るのですが、周恩来が復活させた鄧小平をやっつけている。

周恩来の死後に鄧小平が復活してくるドラマの道筋が右の文章の中に見えてくる。佐藤慎一郎は当時の中国の現状を次のように書いている。

ものすごい潜在失業者を抱えています。だから中学を終れば、直ちに農村に送りこんでしまうわけです。昨年も八月卒業した中学生の九十何パーセントは全部農村へ送りこんでしまっています。卒業したって就職先がないんです。この問題は一番大きな問題です。「農村へ入って思想を改造せよ」とか「働くものの喜びを学べ」とかいろいろ理屈をつけていますが、要するに入れる処がないんです。そこで14～15才の子どもが農村に入れられる。鍬を以て食べろといったって死ぬしかない。だから女性は淫売をするしかない。男性はユスリやカッパライをやるより方法がない。

佐藤慎一郎の文章は周恩来死後の風景を描いている。彼は日本に流れてきた中国共産党員から聴き取り調査をした結果を語っている。周恩来、毛沢東が死に、やがて華国鋒《かこくほう》が国家主席となり、彼は文化大革命の指揮をとった四人組を逮捕する。鄧小平は華国鋒の下で実務を担当しつつ力を蓄えていく。この過程は省略したい。

一九七八（昭和五十三）年八月に園田直外相が北京に飛び、鄧小平副首相と最終的な政治折衝をし、日中平和友好条約の調印にもちこんだ。田中派や大平派は、日中平和友好条約締結を花道に福田首相は引退すべきとの日中花道論を主張したが、どこかに消えてしまった。

一九七八（昭和五十三）年十月、鄧小平が日本へやってくる。ヴォーゲルは「鄧小平はソ連とベトナムの拡張に対抗するために、なんとかして日本の協力を取り付けようとした」と書いている。中国はベトナムと戦争状態にあった。ベトナムを背後から支援していたのはソ連であった。また、ヴォーゲルは「それだけでなく彼は、四つの現代化に対して、アメリカという例外が可能性として存在してはいても、日本以上に協力的な国はないことも知っていた」と書いている。

鄧小平が日本にやってくる目的ははっきりしていた。それは日本から「円」と「技術協力」を得るためであった。鄧小平が海軍を使って尖閣諸島を侵犯、強行上陸させたのも、日本から援助を引き出そうとする一つの手管であった。日本が下手に出れば、手打ち金の形で対中経済援助の交渉ができると踏んでいたのだ。しかし、この試みは失敗した。このことはすでに書いた。日中平和友好条約の締結が北京でなされた。園田直外相が北京で調印した。八月十二日に北京で黄華《こうか》外交部長と園田外相の間で調印されたことを記念して、鄧小平は十月十九日から二十九日の十一日間、日本を訪れたのである。

鄧小平は当時副首相であったが、彼こそが中国の最高実力者であることを誰もが知っていた。華国鋒国家主席は政治・経済の実務経験がなく、鄧小平が代行をしていたからである。

鄧小平を迎えた福田赳夫首相は彼のために濃密なスケジュールを組んだ。歓迎式典の連続であった。十月二十三日の朝、福田首相をはじめとする四百人の日本の各界の要人が迎賓館に鄧小平を迎えた。鄧小平は「何年もの間、私は日本を訪問する機会を探し求めてきましたが、ついにそれが実現できました。首相の知遇を得る機会を得られ、光栄です」と語った。福田首相は「中国と日本の間の、一世紀近く続いた不正常な関係は終わりました。条約の目的は日中両国の間に永遠に平和で友好な関係を作り上げることです。条約の締結は鄧小平副総理の決断の結果にほかなりません」と応じた。

福田首相は鄧小平歓迎のスケジュールを次から次へと用意していた。そのハイライトは鄧小平が皇居で二時間にわたって昭和天皇と二人だけで会話を交わしたことである。この会談の中で昭和天皇は鄧小平に、日中間の出来事を「不幸な出来事」と評したと伝えられている。

その日の午後、鄧小平は福田首相と一時間会談を行っている。その会談の後、自民党幹部百名とともに歓迎宴を主催している。

引き続き、ヴォーゲルの『現代中国の父　鄧小平（上）』から引用する。

鄧小平は歓迎宴の主催者に訪日の三つの目的を説明した。第一は日中平和友好条約の批准書交換のためであり、第二は過去、数十年にわたって日中関係改善のために貢献した日本の友人に感謝の意を表すためであり、第三は徐福《じょふく》のように「不老不死の秘薬」を見つけるためであると述べた。会場は笑いに包まれた。彼らは二二〇〇年前、秦の始皇帝のために不老不死の秘薬を求めて日本に渡った徐福の伝説をよく知っていたからである。鄧はさらに説明を続けた。彼が探しに来た「秘薬」とは、現代化を達成する秘薬のことだった。彼は先進技術と経営管理を学びたいと言った。善意に満ちた冗談がそれに続いた。

鄧小平は「主催者に訪日の三つの目的を説明した」とヴォーゲルは書いている。第一、第二は別に問題はない。問題は第三の目的である。「『不老不死の秘薬』を見つけるためである」と述べたとヴォーゲルは書いている。私は鄧小平が言う「不老不死の秘薬」とはズバリ、鄧小平が福田赳夫に、対中借款、すなわち対中援助を要請したことだと思っている。鄧小平は数々の歓迎宴などは、どうでもよかったのである。

周恩来、そして毛沢東の死後に内乱が続き、佐藤慎一郎が指摘したように、中国では多くの人々が農村で難民化していた。日中平和友好条約の締結を機会に日本にやって来て、何をおいても、「不老不死の秘薬」であるマネーを日本で調達しなければならなかった。この秘薬についてヴォーゲルは「現代化を達成する秘薬のことだ」と書いている。

では、福田首相はどうして鄧小平の申し出を拒否したのであろうか。これは私の推測であるが、彼が日頃から佐藤慎一郎の「総理大臣秘密報告書」を読んでいたこと、そして、佐藤慎一郎から「対中援助をしても一時的に中共政府、すなわち共産主義の政権を助けることにしかならない。それよりも、新しい民主主義国家が誕生するのを待つほうがいい」との講義を受けていたからだと思われる。

鄧小平は日本にやってくる時から、福田首相にあまり期待していなかったように思えてならない。だからこそ、訪日前から密かに準備工作に入っていたのである。

福田の退陣・大平の登場、日本は暗黒の時代へ

エズラ・F・ヴォーゲルの『現代中国の父　鄧小平』には、田中角栄について様々な面から書かれている。日本人による〝角栄本〟のほとんどは、鄧小平が田中角栄宅を訪れたことを書いていても、「なぜか？」という疑問符を投げかけた本は一冊もない。では、ヴォーゲルの本から引用する。

鄧小平は田中角栄元首相、衆議院議長の保利茂、自由民主党幹事長大平正芳を表敬訪問し、その足で国会での歓迎式典に臨んだ。田中はロッキード事件で自宅拘禁中であり、多くの日本人が彼を避けていた。にもかかわらず、鄧はたっての希望で田中の自宅に向かった。そこで彼は、日中関係の改善のために、古い友人たちが果たした貢献に感謝を表明することが、彼の来日の目的と一つだと述べた。鄧は田中元首相が日中共同声明に署名して両国の友好関係を前進させたことに感謝の意を示そうとしたのである。

このヴォーゲルの本を読むと、鄧小平の田中元首相への表敬訪問にはそれほど深い意味はこめられていないように思える。鄧小平は田中角栄宅訪問に際し、「井戸の水を飲むときは、井戸を掘った人の苦労を忘れることはできない」との名言を残している。さて、ヴォーゲルの本を続けて読んでみよう。

鄧は田中が訪中したとき、自分はまだ「桃源郷」にいたが（江西省への追放を指す）「両国の関係における閣下の役割を、われわれは忘れることはできません」と述べた。そして、鄧は国賓として訪中するよう田中を正式に招請した。その日遅く、田中は記者に向かって、日中平和友好条約の締結による日中の提携は、明治維新以来、最大の慶事であると語った。田中は今まで会ったすべての外国指導者の中で、最も偉大な印象を受けたのは周恩来だったと述べた。そして「今日、鄧小平さんにお会いして、周恩来さんと会ったときとまったく同じ感覚を覚えました」と語った。

以上がヴォーゲルの本に書かれている鄧小平の田中角栄との会見記録である。日本側の記録はほとんどない。この鄧小平の田中角栄宅訪問は全く無視されている。先に紹介した佐藤昭子の『私の田中角栄日記』には次のように書かれている。

昭和五十三年十月二十四日（火）晴のち曇

二十二日、鄧小平来日。今日、一行が目白を訪問。田中派議員が総出で拍手にて迎える。『吉兆』にて歓迎晩餐会。鄧氏「田中総理が北京に来られた時、私は北京郊外で昼寝をしておりました」。文革の影響で要職を離れておられたのだ。鄧氏の来日前、田中派の幹部は、公式の席に出られない田中のことを全く考えず、自分たちが鄧氏と会見することばかりに熱心だった。田中は達感《ママ》して何も言わないけれど、私の気持ちは納まらない。田村元先生に心境を訴えると、田村氏曰く「他の人が苦境にある時、助けられるのは大野伴睦と田中角栄だけだ。そのオヤジがこんな状況に置かれているのだから、如何とも仕方がない」と。その翌日、江崎真澄先生と久野忠治先生が来所、「ママさん、申し訳なかった。中国大使館と連絡を取って、オヤジの顔が立つようにするから」と。そして、目白訪問が実現。中国の古い諺に、「水を飲む時、井戸を掘った人の苦労を忘れない」。

この佐藤昭子の『日記』を読むと、一つだけ、気になることが分かってくる。それは、鄧小平の目白訪問が、鄧小平が日本に訪れる前からすでに決定ずみで、世にいうような偶発的なものでは決してなかったということである。

鄧小平は訪日の前に、種々の準備工作をしている。田中角栄の訪中のような、行き当たりばったりではなかった。ヴォーゲルは次のように書いている。

〔日中交渉の〕膠着状態が続く中、一九七七年の九月と一〇月に、鄧小平は条約締結の可能性を探るため親中派とみられていた幾人かの日本の政治家を迎えた。その中には二階堂進や河野洋平が含まれていた。その間、日本では、中国とより緊密な接触を望むさまざまな業界団体や地方組織が、この条約を締結する方法を見いだすために、政府により柔軟性を求める運動を展開していた。聡明で大蔵官僚出身の福田は「福田ドクトリン」を掲げて東南アジアの近隣諸国に援助を供与し、そのことでアジア諸国の指導者から称賛を受けていた。

この文章は、鄧小平が日本に来る前について書いているものである。文中、「その中には二階堂進や河野洋平が含まれていた」に注目したい。河野洋平は、国貿促《こくぼうそく》（日本共産党系）に近く、この国貿促の会長を長く務めていた親中派の代表格である。

ここで注目したいのは、二階堂進である。彼は福田内閣の閣僚でもなく、党三役でもなく無役、一介の衆院議員である。その彼を鄧小平が迎えたということである。間違いなく鄧小平は田中角栄の代理人として二階堂進と会っている。その目的は何か。

それを匂わせる文章が「聡明で大蔵官僚出身の福田は『福田ドクトリン』を掲げて東南アジアの近隣諸国に援助を供与し、そのことでアジア諸国の指導者から称賛を受けていた」に見える。福田は東南アジア諸国に援助の供与（ＯＤＡ）をしているが、中国に対してはしなかったのである。これは、佐藤元総理が台湾政府を大事にしていたからである。福田首相を支持する議員たちの大半が親台湾派であることによった。


ここまで私が書いてきて、読者は気づかなかったであろうか。あの鄧小平が田中角栄を目白邸に訪ねたのには、何か隠れた大きな目的があったのではないかと……。

一人の重要人物が準備工作に登場する。その男の名は廖承志である。彼のことは度々書いた。佐藤慎一郎は彼から中国に招待されたけれど行かなかった、と書いた。それは、佐藤慎一郎の中国の友人が、もし中国に行けば、必ず殺されると忠告したからであると。

この廖承志はいくつもの顔を持っている。一つは、中共政府の情報機関のトップ要員であること。もう一つは日本との間にできた「ＬＴ貿易」の主導的人物であること。また、彼は中日友好協会会長として、訪中後の田中角栄と尋常ならざる関係を結び続け、目白邸に出入りしていたこと。廖承志は鄧小平より四歳若く、日本人に人気があった。廖は日本で生まれ、小学生時代を過ごし、早稲田大学に留学し、後には、北京を訪れる日本人の世話をしていた。彼は鄧小平の日本における指導的案内役となった。鄧小平は廖承志から十分なレクチャーを受けて、田中角栄に会ったということである。

私は田中角栄が鄧小平に対中借款三千億円の世話をし、リベートとして三百億円を受け取ったとすでに書いた。では、田中角栄と鄧小平はどのようにして、この莫大な援助金の話をしたのであろうか。目白邸の一室に田中角栄、二階堂進、中国側から鄧小平、廖承志が会し、鄧小平が田中角栄に、簡単なスケジュールを説明したとみる。それは、政権交代を期待すること、すなわち、大平正芳を総理大臣にすることに中国は多少なりとも協力をするということである。その時、廖承志は「中日友好協会が協力しましょう」と言ったと私は見ている。田中角栄は「うん、うん」と、ただ承知をした、というサインを出したと思う。大平内閣ができると、あっという間に三千億円の金が中国に流れたのは、こうした裏工作があったればこそと思えるのである。

私の鄧小平と田中角栄の密談話を単なる創作と嗤《わら》う人は、田中角栄が三千億円の対中借款で、三百億円のリベートを手にしたという事実を否定できる説を立てなければならない。三百億円のリベートなどありえないという人は、私が先に引用した佐藤慎一郎の「総理大臣秘密報告書」が偽物であることを証明しなければならない。秘密報告書を三十二年三カ月書きつづけた男の業績を否定してみせなければならない。

ただ、私は、田中角栄が病に倒れた後に鄧小平が田中角栄を見舞ってはいるが、元気な田中角栄と鄧小平が会ったのはこの一回限りであったことを強調したい。田中角栄は何事も即断即決する。時間をかけて結論を出す男ではない。鄧小平の申し出を瞬時に理解し、そして応じたと私は見る。

さて、ここで舞台を福田首相と大平幹事長の自民党総裁選に移すことにしよう。鄧小平が訪れるまで、田中角栄は沈んでいた。佐藤昭子の『私の田中角栄日記』を読めば、そのことがよく分かる。しかし、鄧小平と会見した後の田中角栄は三木降ろしの時のように、今度は福田降ろしに熱中するのである。

ここで、戸川猪佐武の『田中角栄と政権抗争』(一九八二年)から引用する。戸川猪佐武は政治評論家だが、田中角栄の隠れファンであった。

この間にも、自民党は総裁公選に向かって前進していた。大平が世田谷の私邸に福田を訪ねて、「総裁公選に出馬することにした」と、その意志を伝えたのは、鄧小平が来日する少し前、十月二十日の夜であった。

明けて二十一日、中曾根康弘も立候補を宣言して、首相官邸に福田をおとずれた。上昇気流に乗っていた福田首相は、

「おたがいにやろうや」と、機嫌よく中曾根の挨拶を受けた。だが、このとき中曾根は、

「天下の形勢をみると、現職は強いようですな。総理の一位は動かんところでしょう」という観測を述べた。

これを追いかけるようにして、三木派の河本敏夫通産相も立候補を表明した。だが、三木派の総会では地崎宇三郎、塩谷一夫など十四名が猛反対した。〔中略〕

だが、三木自身が、

「僕が提唱した総裁公選が初めて行なわれるのだから、わが派としてはだれか立てるべきだろう」といい、三木側近の井出一太郎、森山欽司、海部俊樹たちも、

「三木派が候補を立てない場合には、三木派は福田、大平、中曾根派の草刈り場になる」という危惧《きぐ》を抱いて、河本の擁立の必要性を主張、河本の立候補となったのである。

総裁公選論は三木武夫が首相のときに主張した。三木試案の要点は、

「総裁選挙の立候補には十人以上の国会議員の推薦を必要とする」

「候補者について、都道府県単位で投票する（予備選挙）」

「党員の投票を全国集計して、上位二名について国会議員だけによる選挙（本選挙）を行い、総裁を選出する」

この三木首相が主張する総裁公選の規約改正が認められての総裁選挙が行われることになった。鄧小平が田中角栄宅を訪問した後の十一月初旬、今まで大平正芳の動きに、半ば沈黙を守っていた田中角栄がにわかに動きだすのである。先に動いたのはもちろん、福田派であった。しかし、大平と田中連合が福田派を追いつめ、ついには追い越すのである。この過程を書いた本はたくさんある。しかし、結論だけを書くことにしたい。

十二月二十六日、大平は福田に大差で予備選挙に勝った。総裁公選規則では、予備選挙による上位二名が本選挙で闘う手順になっていた。しかし、福田首相は公選前に「二位のものは本選挙を降りて、一位のものを推す」と記者会見で言明していた。その予備選挙二位が決まった福田首相は七時半に記者会見を行った。「本選挙に出ない。大平君に譲る」と言明した。

私はこの福田首相が「本選挙に出ない。大平君に譲る」と言明した時をもって、日本が不幸の時代に入ったと思っている。すなわち、大平正芳が新しい首相として登場して以降、鈴木善幸、中曽根康弘と内閣が続くが、世にいう、「角影内閣」であったからである。その田中角栄は配下の子分を増産し続け、こう言っては角栄ファンには誠に申し訳ないが、その田中派の維持費の大半を、鄧小平の中国からいただくという、歪《いびつ》な関係が続くからである。一方で、対中借款の形で、中国に経済・技術援助しながら、一方で、中国に頭を下げてリベートを貰うという、この哀しい日本を最初に創り出したのは、田中角栄その人であったのだ。

【第6章】

闇将軍の金脈は中国利権だった

かくて対中借款三千億円は始まった

この章ではまず、「日中友好協会」を改めて検討してみたい。青木直人の『中国ODA6兆円の闇』（二〇〇〇年）から引用する。

72年の国交正常化を契機にして、日本の政界における中国パイプをほぼ独占してきたのは、田中角栄元総理をリーダーに戴《いただ》く田中派であった。

一方、中国でも最大の対日人脈を握っていたのは亡き周恩来総理の下で日本との国交正常化を成功させた「中日友好協会」である。会長の廖承志は孫文の右腕だった廖仲愷《りょうちゅうがい》の長男で、日本の早稲田大学留学の経歴を持っている。この時期は全国人民代表会議の副主席も務める実力者だった。

だが、同氏が83年に亡くなり、田中角栄もロッキード事件の被告という立場上、表には出にくくなると、この間隙《かんげき》を縫《ぬ》う形で生まれたのが、胡耀邦と中曽根をつなぐ新しい人脈だった。

胡耀邦と中曽根康弘との関係は後述したい。廖承志と田中角栄の関係がそれとなく描かれている。では、「ODAとは何なのか?」、私は今まで説明しなかった。青木直人の『中国ODA6兆円の闇』の説明を借りよう。

そもそも、ODAとは何なのか。簡単に見ておきたい。

ODAとは、Official Development Assistance(オフィシャル・ディベロップメント・アシスタンス)の略称で、日本語では「政府開発援助」といい、次の三つの要件を満たすものでなければならない(『わかりやすいODA』ぎょうせい刊)。

(1)政府あるいは政府の経済協力実施機関によって供与されること

(2)開発途上国の経済開発や福祉の向上に寄与することを目的としていること

(3)資金協力については、その供与条件がグランド・エレメント(GE)25%以上であること

ODAは民間の資金とは別物で、あくまで政府レベルの公的な資金、つまりその国の国民の税金が原資となる。(1)と(2)は読んでのとおりである。では(3)の「グランド・エレメント(GE)」とは何か。聞きなれない言葉である。

これは借り手にとっての条件のおだやかさを示す指標で、民間の金融機関の条件（年利10%と仮定）の借款をGE0%とし、この条件（金利、据置期間、返済期間）が緩《ゆる》やかになるにしたがって、GE値は高くなる。贈与、つまり返済不要の場合はGEは100%となる。

このGEが25%以上ないと、ODAとは認められない。援助目的はあくまで協力にある。高利で悪条件の貸し付けはダメだということだ。

ODAのことはおおよそ理解できたと思う。後でもう少し具体的に書くことにする。再び青木直人の本から引用する。この青木直人ほどODAに拘《こだわ》っている人は他にいない。

日本の中国に対する援助が始まったのは1979年に遡《さかのぼ》る。この年、中国で改革開放政策が本格的にスタートした。だが、その壮大な現代化プランの最大ネックは資金難であった。中国にはカネがなかったのだ。

家庭でいえば貯金はないのに、マイホームが欲しいというようなものである。ローンに頼るしかない。このローンの最初の貸し手が日本だった。アメリカでもヨーロッパでもなかった。

て500億円が事前通告されたのに始まる。

日本からの経済援助は、まず79年12月の大平総理（当時）の中国訪問で、79年度分とし

右の文章の中で、「まず79年12月の大平総理（当時）の中国訪問で、79年度分として500億円が事前通告されたのに始まる」と書いているが、先に引用した戸川猪佐武の本では、大平総理が中国に一九七九（昭和五十四）年十二月に中国を訪問したことには触れていない。

この一九七九年十一月六日には大平正芳と福田赳夫が総裁選を争った。決選投票の結果は、大平百三十八票、福田百二十一票であった。伊藤昌哉の『自民党戦国史』は幾度か引用した。大平首相の友人（元池田首相秘書官）が書いた大平正芳伝とも呼ぶべき本である。大平首相の訪中が描かれている。

〔一九七九年〕十二月五日、大平は訪中するのだが、私はゆっくり休んできてくれ、と心の中で思った。

十二月十一日の世論調査によると、大平内閣の支持率は一八％で、二〇％を割ってしまった。不支持は三八％だ。これはもう崩壊寸前の内閣の姿を示している。

十二月十二日、韓国では鄭戒厳司令官が捜査本部の全少将（後の全斗煥大統領）に捕え

られたと発表した。

私はこの伊藤昌哉の本を読みつつ、一つの推測をする。それは、第一次大平内閣の蔵相は大平派の金子一平であったが、対中借款前にできた第二次大平内閣の蔵相に田中派の竹下登が就いた意味を知りえた。その竹下蔵相が対中借款の責任者になり、その報告をするために大平首相はわざわざ北京に鄧小平に会いに行った。その事実を知るがゆえに、伊藤昌哉は「十二月五日、大平は訪中するのだが、私はゆっくりと休んできてくれ、と心の中で思った」と書くのみである。

伊藤昌哉は大平正芳が体調不良ながらも田中角栄の指示を受け、中国側に三千億円の借款を与えると報告したのである。しかし、田中角栄関係のどの本を見ても、一冊として、このODAの話が出てこないのである。私は田中角栄が秘密裡に、側用人二階堂進（当時無役の国会議員）と蔵相竹下登を使い、秘密裡に（法に触れないギリギリの線で）対中借款を進行していったものと思っている。

『別冊正論』から再び引用する。以下は一九八〇（昭和五十五）年二月の佐藤慎一郎の「総理大臣秘密報告書」である。

《大平は田中内閣の外相当時、田中角栄と協力して外務省、内調、公調、警察庁、防衛庁すべての情報担当機関の責任者に「中国を刺激するような情報活動を禁ずる」と指示している。警察庁はその指示を受けて、中国共産党が日本に対して長年続けてきた革命工作やスパイ活動の調査を停止している。内調、外務省なども同様である》

また、別の報告書（日付不明）は後藤田正晴について次のように書いている。

《後藤田正晴は三年前、北京を訪問して中国側に「日本の警察の内部を見せる」と約束して帰国し、警察庁を困惑させた。警察庁が抵抗して、中国に見せるのを交通警察の部門だけに止めたからよかったものの、後藤田の「スパイへの協力」そのものである。このような人物が田中角栄の推薦によって大平内閣の国家公安委員長に任命されているのであるから、大平内閣は、スパイ奨励内閣と言われても仕方があるまい》

大平正芳は総理大臣病にかかっていた。「一度でいい、総理大臣になりたい」という業病である。その不治の病の特効薬を田中角栄が授けた。だから中国に行って、鄧小平に三千億円借款の話を持ち出した。具体的なことがらは、角栄の子分の二階堂進と竹下登蔵相に一任された。

こうして三千億円が中国側に渡ることになり、鄧小平と田中角栄による「日本解体計画」が進行していくのである。

大平正芳は総理大臣になったものの、反大平派からの反撃にさらされる。しかし、誠に不思議な国、日本である。対中借款反対の声は、当時の本をいくら読んでも（もちろん限界のあることは百も承知だが）、聴くことができない。政策論争なき国家に日本はなっていた。鄧小平にとっての、田中角栄にとっての栄光の日々が続いていくようであった。

ここで少し脇道にそれてみよう。

大平正芳が首相になって一年後、またもや自民党は内紛を起こし、この際の総裁選で大平首相が福田赳夫を小差で破ったことはすでに書いた。この選挙で、新自由クラブの河野洋平代表と田川誠一、山口敏夫らが福田派の期待を裏切って大平正芳に賛成の票を入れた。この新自由クラブの票の動きが大きく政局を動かした。この投票の直前、河野洋平は田川誠一を代表にしていた。大平と河野・田川の間には密約があり、田川誠一は第二次大平内閣の文部大臣になることが内定していた。しかし、田川誠一の文部大臣就任はならなかった。大平首相は自派の谷垣専一を文部大臣にした。

この田川誠一・新自由クラブ代表について、長塩守旦は「第六回史潮会」で次のように語っている。

長塩　まずは田川のことを紹介したいと思います。これは昭和五十六年四月の「総理大臣秘密報告書」に記述された小野政男報告の一節です。

「中国から中日友好協会の通訳として一月十五日に来日し、二月二十日仙台市内で行方不明になり、その後中国大使館へ出頭して三月九日中国へ帰国したと新聞で報道された女性、チョウショシュ（?）、四十一歳について、なぜかジャーナリズムは一切真相を書こうとしていない。チョウショシュは米国へ亡命を希望し、昨年中国で自分が案内したことのある田川誠一・新自由クラブ代表のところへ行き、米国大使館へ連れていってほしいと頼んだものです。

ところが田川は米国大使館へ連れていくとチョウショシュを騙して、三月八日車に乗せて中国大使館へ連れ込んでしまいました。途中で道が違うことに気がついたチョウショシュが放してくれと頼んだのも聞かず、無理にクルマに閉じ込め、大使館に着くと、直ちにチョウは自由を拘束され監禁されて、翌三月九日成田空港から大使館員に取り囲まれたまま、北京へ強制送還されたものです」

河野洋平は鄧小平来日の前、二階堂進とともに、中国で鄧小平と会っていることはすでに書いた。私は河野洋平と田川誠一はともに媚中派であり、中国側のエージェントであったと判断している。新自由クラブは、大平派からも田中派からも政治資金を渡されていた、実に奇怪な政党であった。

一九八〇（昭和五十五）年五月十六日、衆議院本会議で社会党提出の内閣不信任案が可決されるという事件が起きた。この大平内閣不信任案は、賛成二百四十三票、反対百八十七票と、五十六票の大差で可決された。自民党の福田派のほとんどが反対にまわった結果であった。

大平首相は臨時閣議を開き、その席上で、「私としては、衆議院解散をしたい」と申し出た。これに対し、大平派、田中派の閣僚は解散を支持し、かくて解散決定となった。投票日は六月二十二日（日曜日）、参議院選挙と同日に行われることになった。

参議院選挙公示日は五月三十日、この日大平首相は広報車で永田町から新宿に向かい、そして横浜に入った。そこで大平首相は息苦しさを訴えた。その夜、呼ばれた主治医は大平の心臓に不整脈があると診断した。東京・虎の門病院に入院した。六月十二日、大平の容態は急変、心筋梗塞を併発し、七十歳で亡くなった。

直ちに、臨時首相代理に官房長官の伊藤正義が任命された。六月二十二日、衆参同時選挙の結果は自民党の圧勝となった。そこで問題は後継者として誰を選ぶかということだった。最終的には鈴木善幸が選ばれた。田中派が、大平正芳と常に行動を共にした無難な政治家、鈴木善幸を首相に押し上げたのであった。

私は一度ならず、倉前盛通の『新・悪の論理』を引用した。次の文章を読んで読者はどのように思われるだろうか。

日本が返済される見込みのない多額の経済援助（たとえば共産シナの谷牧《こくぼく》副首相は一九七九年八月一兆円以上（五十五億ドル）の援助を求めてきた）をシナ大陸へ注ぎ込むことは、荒れはてたシナ大陸を少しばかり復活させ、中ソ対立に役立てるかもしれない。しかし、共産シナが北鮮と同じように、日本への債務を拒否した場合、日中間の感情的対立はたちまち深刻化するであろう。日本とシナの対立はアメリカのもっとも歓迎するところである。

私たち日本人は、アメリカは日本の味方であると考えている。しかし、アメリカは日本の弱体化をいつも狙っていた。大平首相の時代もそうであった。日本の総合商社や、新日鉄を含む多くの大企業集団が中国での経済活動を活発化し、田中角栄を中国交渉へ巻き込んだときも、アメリカは、日本の左翼陣営と、左翼的傾向の強いマスコミを利用した。朝日新聞は中共政府シンパとともに、アメリカのCIAのエージェントという両面を持っている。さて、この項の最終にもう一度、『新・悪の論理』から引用する。倉前盛通のこの本が出版されたとき、大平首相は、対中借款の問題で中国に行っている。

日本をシナ大陸へ経済介入させようとする陰謀は着々と進行しつつある。これは日本と蔣介石の間に戦争を起こし、武力介入させた背後にアメリカの大きな陰謀があったことを思い出させるに十分である。その推進役として登場してきたのが大平内閣であったかもしれない。大平首相個人にそのような意図はないかもしれないが、大平内閣全体として背負わされた役割は、そのようなものであったと筆者は推測している。

世界史的な視野から対中借款を見れば、倉前盛通の説も一理ある。アメリカは麻薬の流通に関し、中国の利権を一部認めた。しかし、対中ドル借款は一切認めなかった。アメリカは経済的に強大化する日本を弱体化させるために、対中円借款を黙認した。

このようなアメリカの動きを田中角栄は熟知していた。そこで田中角栄は大平首相、そして、鈴木首相を動かすのである。対中借款（ODA）により、中国経済の崩壊を防ぎ、中国を強大国家とする。そのために、日本が弱体化しようが、田中角栄にとって、何ら懸念すべき問題はなかった。

それはなぜか？　田中角栄は自分の権力が維持され、ロッキード裁判の最中でさえ、一種の美学をもって日本人に語り継がれていかねばならないと熱望している。そのためにこそ「田中軍団」を組織し続けている。日本国の未来などは、田中角栄にとって、どうでもよいことになった。

「三百億万歳！」と叫んだのは二階堂進や鄧小平ではなかった。田中角栄が叫んだのである。

「まだ二百億残っている！」と角栄は叫んだ

私はいわゆる〝田中角栄本〟をたくさん読んできた。そのいくらかは本文に引用した。〝角栄本〟はおおよそ三通りに分かれる。（一）は田中角栄批判本である。これは非常に少ない。（二）は、田中角栄賛美本である。これは非常に多い。（三）は、中立的立場に立って田中角栄を見ようとする本である。この系統の本は意外と多い。

ここでは、一番多いタイプの本から一冊を読者に紹介する。砂辺功の『田中角栄復権待望論』（一九八一年）である。砂辺功は次のように書いている。

金権や金脈それ自体が犯罪を構成するような悪いことではない。政治家の倫理というが、カネを集めカネを求める方法や手段の差はあっても、それは政治家の大半に共通することであり、田中角栄だけにことさらに執着することはおかしい。現在継争中の事件も無罪となる見通しが強い。田中角栄をめぐる一連の事件は、こうした不可解な点が多い。

私はこの砂辺功と全く異なる立場から、田中角栄のカネの問題を論じてきた。あえて、〝カネの問題〟と書いたのは、田中角栄の「金権や金脈」とは別の視点に立って論じているからである。

大平首相の時代から鈴木首相の時代（一九七八〜一九八二年）にかけて田中軍団は増え続け、田中派は衆参両院で百十人を超える。「田中角栄私論」（『日経ビジネス』一九八一年七月二十七日号）の中で、田中角栄は次のように語っている。

　私は戦後一貫して政治のまん中にいました。その辺が若い人たちにとって魅力なんでしょうかね。野球でいえば、ネット裏でなくスタンドの中にいる。タマ拾いをやったり投げてみたり、アンパイアをやったりで、グランドというか広い意味での政権の中にいたわけよ。そこが違うんだ。だからいまでも若い者が相談にきますね。

雑誌のインタビューで田中角栄は何も悪びれることなく、ロッキード事件の被告の身でありながら、「政治のまん中にいました」と高らかに語るのである。次に、田中角栄に対して比較的中立の立場で書いている本を一冊紹介したい。北門政士の『日本を演出する田中角栄頭脳軍団』（一九八二年）から引用する。

政治の世界で政党は宗教や教会ではない。三木や野党が主張する「政治倫理」だけでは、政権をになない一国の運命を負うことはできない。政治での王者は力なのである。その政治力はなにに起因するか――。それは民主政治であるかぎり数である。政治の世界でいえば、それは国会議員をより多く擁した政党が政権党である。その政権党のなかでも主導権を握るのはやはり多数の議員を抱え有する政権派閥である。

三木政権のとき、派閥は「最大の政治悪」として解消が唱えられ消えたことになっている。だが、このときに、主唱した三木派は温存され、今日の各派閥の復活、拡大の原因となったのである。政権をとっている鈴木〔善幸〕派は残念ながらいま党内一の派閥を張れる域には達していない。だから、鈴木は政権の維持にあたって、田中とその同志の数の力に依存している。その代償として鈴木は田中派で二位の二階堂に自民党NO2の地位を与えている。田中派は、自民党の実務派NO1の二階堂とその代理・竹下を通じて、自民党を支配しているのである。

右のこの文章は中立的立場に立って分かりやすい。大平正芳の後に鈴木善幸が首相の座に就いた後も、田中角栄が自民党政権の本当の支配者であったという事実を教えてくれる。

どうして田中角栄は、鄧小平の来日後から急に自派の田中軍団を拡張できたのか。すでに、その原因を私は書いた。田中角栄が対日借款で三百億円のリベートを中共政府から貰ったせいである、と。もちろん一度ではない。様々な仕組みが複雑にからんでいるからである。しかし、当時の日本人は、田中軍団の異常なる増加に驚きこそすれ、その軍団を維持する軍資金の増加については考えなかったようである。

田中角栄が軍団を維持するための大金に疑問を持ち、その追及に挑戦したジャーナリストがいた。立花隆である。かつて、金権問題で田中角栄を首相退陣に追い込んだジャーナリストである。その立花隆が『週刊朝日』の記者たちと取材グループを形成し、一九八二（昭和五十七）年一月から一九八四（昭和五十九）年十一月にわたって『週刊朝日』誌上に「田中角栄新金脈研究」を連載した。田中角栄の晩年の金脈研究ということになる。数人の記者と立花隆の座談会形式をとっている。この中から数点、立花隆の発言をピックアップする。鈴木善幸から中曽根康弘へと政権がバトンタッチされる頃のことが語られている。なお座談会の日付は記されていない。後に書籍化された『田中角栄新金脈研究』（一九八五年）からの引用である。

（A）

立花　ロッキード事件以後、田中が金に困って「大光相互銀行」（本店・新潟県長岡市）から二億円の借金をしたときに、担保に出したのは東京ニューハウスが所有する東京都豊島区高田の土地だった。また、国税当局がロッキード事件の五億円の賄賂を田中の所得とみなして課税したときに、その取り立てを確定判決まで待ってもらうために田中が国税庁に提出した担保は、東京ニューハウスが所有する軽井沢の別荘だったことでもそれがわかる。

（B）

A　立花さんも別のところでいっていたけど、田中は例外的な政治家であり、例外的な総理大臣なんだよ。まさか辞めたとはいえ元総理大臣が中野某が来たからといって、節税のためにはこうしたらいいとか会社の名前はこうしろとか、そこまでやるとは普通は思わないよ。しかも自分のユーレイ会社を使ってね。

立花　田中の金脈会社というのは、結局すべて税金を払わないためなんだ。そのために複雑なことをいろいろやる。

（C）

A　田中がいま一番おそれているのは、自分の力が弱まったとみんなにさとられることだ。地元では、それがはっきりしているんだけど、中央ではまだあまり知られていない。だけど中央でも、それがわかってきたら、田中から逃げる人間がいっぱい出てくる。田中派が百人を割り、八十人になったりしたら、そのとたんに離れる人間がどっと出てくるよ。だからこそ、無理して田中派を維持しているし、膨張もしないといけないし、前にもまして金がかかる。自転車操業だ。

立花　そうだね、田中は金につまっているんだろうね。だから新潟遊園みたいなことが起こるんだ。東京ニューハウスに合併しても、そのままでは市が土地を買うわけがないから、また社名を新潟遊園にもどす。それをやれば会社や土地の登記に記録が残って、いつかはだれかが気づくことを覚悟しなければならないが、それでも金が欲しい。ちょっとしたジレンマだっただろうね。

（A）（B）（C）を読んで、読者はどのように思ったであろうか。金欠病に悩む田中角栄の姿が描かれている。田中角栄が、対中借款三千億円のリベート三百億円を手にしていることは、立花隆をはじめ、記者たちは全く知らない。田中角栄も、三百億円のリベートを自由に使えない事情を抱えている。ここに大いなる矛盾が生じる。あくまで三百億円は虚業に近い金儲けである。立花隆は何か第六感を働かして田中角栄の虚業に迫ろうとする。

立花　ロッキード事件以後は、あんまり手広く露骨に虚業をやっていたら検察に何をやられるかわからないという恐怖が常にあるんだ。だから、実業の部分もあるところを少し見せておかないと危ないと思っているのじゃないか。彼のストレスはすごいものがあるはずだよ。裁判で有罪になる恐怖。有罪になった場合に自分はどうなってしまうんだろうという恐怖。彼が最近アル中気味になっているのは、この恐怖から逃れようと酒を飲みすぎるからなんだ。

立花隆は虚業と実業との区別を説く。しかし、虚業からの金の流れについてのデータを入手できなかった。この本の全篇を貫く立花隆の苛立《いらだ》ちは、「なぜ、田中角栄は、百人を超える田中軍団の維持費、そして年間三億円を超えるといわれる弁護費用を捻出できるのか」、その謎を解明できないということに尽きる。

しかし、ここで立花隆は「派閥幹部の上納金システムを取るようになった。幹部がお金を出しあい、それに田中のお金を足して中元・モチ代が配られるようになったのである」と書いている。この上納金システムは、ヤクザの世界のやり方である。ただ、ヤクザ方式と異なるのは、ヤクザ世界では、すべてが親分のところに金が入るのに対し、田中角栄が支配する世界では、幹部から上納された金は、下部の子分（約百人）への中元・モチ代となった。

一九八三（昭和五十八）年度分の田中派の中元・モチ代は、竹下登＝二億二千六百万円、金丸信＝五千四百万円、江崎真澄＝五千四百万円、小沢辰男＝一千百万円、二階堂進＝六百万円で、合計しても三億四千四百万円にすぎない。

この時の総選挙で田中角栄はとてつもない金を使ったことが分かっている。立花隆は次のように書いている。

田中は選挙の直前に二十四億円の金を調達した。うち二十億円余は株を売って得た資金だが、残り三億六千万円は借金だった。

選挙の終盤にさらに二億円を借金。借金はいずれも自分がオーナーをしている関連会社の名義である。それだけでは足りず、一月、二月、三月と、やはり関連会社の名義で十億円も借金をふやしている。田中の財政はいまや借金で火の車なのだ。

立花隆は田中角栄が一九八三（昭和五十八）年の衆院選で二十四億円の金を調達したと書いている。私は虚業の金（三百億円のリベートによる金）を使うわけにはいかないので、実業の世界から調達し、何らかのルートで、その借金は清算され、実業の世界から虚業の世界へと流れるシステムになっていたと思う。

さて、この項も終わりに近くなった。実業の世界で田中角栄がどうして数十億円の金を稼いだのかを説明しないままになった。詳しく知りたい方は、立花隆『田中角栄新金脈研究』を読むことを勧める。それでも、立花隆の次の文章だけは是非、この場で読んでもらいたい。

私は田中の金脈ユーレイ会社というのは、人の生き血を吸うヒルのようなものではないかと思う。まともな会社に取りついて、血を吸い取るだけ吸い取ると、あとは弊履《へいり》のごとく捨て去り、まともな会社に取りつく。新潟遊園の血を吸い取り終わったので、今度は長鉄の血を吸い取りはじめたわけだ。とはいっても、長鉄は田中自身の会社である。これは自分の足を食べるタコに等しい所業となる。実際そのとおりなのだ。田中はいまや自分の足を食べなければならないところまで追い詰められているのだ。

一九八五（昭和六十）年二月二十七日、田中角栄は脳梗塞で緊急入院する。そして快復し、政治の世界に帰ることはなかった。

立花隆と出席者の蜷川真夫、落合博実、井出耕也は、「再開・新金脈シリーズを終えて」で語り合っている。

蜷川　彼〔田中角栄〕が倒れる直前に、竹下登蔵相が創政会を発足させた。この点では、彼の政治支配はゆらぎ始めていたわけですが、あれは田中にとってたいへんなショックだったようですね。

立花　尋常一様の怒り狂い方ではなかった。実際、放置したら彼の政治生命にかかわりますからね。だから金と脅しで必死になってつぶしにかかったが、結局、つぶせなかった。それで、次にどんな手を考えていたかというと、選挙で竹下をつぶすことだったと思うんです。彼はあのころ、竹下が渡す金の何倍もオレが渡している。そして、まだ二百億円ある。百五十人を抱え、あと三回は選挙ができるとブチあげていた。竹下とオレでは持ってる金が違うというわけです。こういう言い方をするところが、実に彼らしいんだけど、じゃ、本当に二百億円持っているかというと実は持ってない。持っているわけがないんです。二百億円というのは、彼の金脈の一切合切、旧信濃川河川敷から、鳥屋野潟《とやのがた》から、何もかもひっくるめて、そういうものが彼の思惑どおりに現金化されることを見込んでのものです。

立花隆の『田中角栄新金脈研究』の最後で、ついにと言うべきか、あの田中角栄の三百億円のリベートが姿を見せる。「まだ二百億円ある。百五十人を抱え、あと三回は選挙ができるとブチあげていた」の中に見事に表現されている。

竹下登がついに創政会を作り、田中派の大多数が加わり、次期首相を狙うとはっきり判明したとき（このことは次項の中で詳述する）、田中角栄は自身の政治生命が終わりを迎えたのを知るのである。しかし、立花隆は田中角栄の「二百億円説」を一種の戯言《たわごと》としている。それは仕方がないことである。立花隆は、田中角栄が対中借款で三百億円のリベートを得ていることを知らなかったからである。

田中角栄は三百億円のうち、百億円を使った。それでも二百億の現金が残っている。その金で鈴木善幸の後に中曽根康弘を首相にし、「田中曽根内閣」の影の支配者となり、また田中軍団を維持できると計算していたのである。しかし、田中角栄の計画は破綻した。自分が育てた子分たちが裏切ったからである。

角栄は三百億円以外にも中国から大金を得ていた

鈴木善幸が大平首相死去にともない首相になったのは、一九八〇（昭和五十五）年七月十七日であった。

大下英治の『闇将軍・田中角栄の「天国と地獄」』（二〇〇一年）に、田中角栄が鈴木首相に語る場面が描かれている。一九八二（昭和五十七）年六月のことと思われる。

田中は、料亭千代新での話は、あくまで鈴木再選を考えていた。ところが、鈴木は、田中の強引な要求に、ほとほとまいっていた。

田中は、鈴木に対して、強引に要求した。

「再選支持の条件として、来年ロッキード事件の求刑の際、国会で弁明してくれ」

さらに、

「秋の判決で有罪となったら、ただちに恩赦《おんしや》の手続きをとってくれ」

この要求は、さすがの鈴木もやんわりと断った。

鈴木政権の衰弱は、あきらかになった。

自民党総裁選が秋に控えていた。田中角栄が鈴木首相の再選の条件として出した提案を鈴木首相が拒否した。こうして、数々の紆余曲折をへて自民党総裁の予備選挙が十月十六日に行われることになった。中曽根康弘、河本敏夫、安倍晋太郎、中川一郎が立候補の声をあげた。田中角栄は中曽根康弘を支持すると、発表した。

ここで田中派内に異論が続出する。二階堂進を独自候補として予備選に出馬させようとしたのである。田中角栄は二階堂進の出馬を阻止した。やがて、竹下登を田中派の多数が自民党総裁候補に押し上げ、田中角栄が脳梗塞に倒れる原因となる。多くの〝角栄本〟に、田中角栄と竹下登の抗争が詳しく書かれている。

田中角栄が鈴木首相に叶わない要望をした頃の一九八二年五月三十一日、中国の首相・趙紫《ちょうし》陽《よう》が初めて来日した。鈴木首相と会談した趙紫陽は、アメリカの台湾への武器輸出行為をなじり、日本の台湾政策も牽制《けんせい》した。そして、趙紫陽は翌六月一日朝、突然に目白の田中邸を訪れた。ここで趙紫陽は金丸信、江崎真澄ら約三十人の田中派に迎えられ、朝食をともにした。この場で趙紫陽と田中派が小人数で密談したことは間違いない。この会談から五十日後、金丸信と江崎真澄の二人が台湾へ飛んでいる。趙紫陽のなんらかの依頼を受けて、二人の政治家を田中角栄が台湾に送り込んだことに注目しなければならない。

趙紫陽はもう一つの目的を持って田中角栄に会ったはずである。それは、次の対中借款を急いで決定してほしいという要望であったと思われる。すでに鈴木首相は政権運営に対する意欲を失っていることは中国側も知っていた。そこで次期首相は、対中借款を強力に推し進めてくれる人物が望ましい。田中角栄も三百億円を超えるリベートをまたもや期待できる。中国側と田中角栄の双方にとってふさわしい人物がすでに相談されたにちがいないのである。

趙紫陽と会見した二日後の六月三日、赤坂の料亭「千代新」の一室で、中曽根派の議員たちを前にして、田中角栄は一方的にまくし立てた。大下英治の前述の本から、再度引用する。

「自分も、五年ぐらい経ったら、きみたちにまた世話になりたい。四十七年に総裁に立候補したとき、中曾根が応援してくれた。そのお礼をまだしていない。いずれお礼をするときがくる」

田中角栄はこの席上で、鈴木首相を再選させ、後に来年は中曽根を首相にし、その四年後に再び自分が総理に返り咲くと宣言したのである。しかし、鈴木首相に「秋の判決で有罪となったら、ただちに恩赦の手続きをとってくれ」と懇願したが拒否された。そこで中曽根康弘を秋の自民党総裁選に出馬させることにする。中曽根康弘は田中角栄との間に密約を結び、自民党総裁選予備選で、河本敏夫、安倍晋太郎、中川一郎を破る。河本敏夫たちは本選に立候補せず、中曽根康弘が十一月二十五日、第十一代自民党総裁に選出されたのである。

この間、田中角栄と中曽根康弘の間に密約が成立した、と大下英治は書いている。しかし、その内容は記されていない。私は田中角栄が鈴木首相に迫った「恩赦」の件であったろうと推している。しかし、中曽根康弘が首相になってから、田中角栄は竹下登らの裏切り行為に直面し、田中派内での権力を失っていく。それは中曽根康弘にとって、田中角栄の束縛から離れる好機となったのである。

もう一度、『別冊正論』から引用する。田中角栄の第一秘書であった早坂茂三のことが書かれている。重要な証言なので再掲する。一九八一（昭和五十六）年三月の「総理大臣秘密報告書」である。

《田中角栄の秘書の早坂茂三はしばしば訪中し、訪中の度に必ず鄧小平と会談している。この事実は、田中角栄と中国との間で今でも何か秘密の「よくない」相談が続けられていることを示しているように思われる。（中略）角栄が日本で復権を企図し、中国がそれを全面的に支援する見返りに、田中は鄧小平に対して日本を売り渡すような約束をしているのであろうか。（中略）鈴木首相の訪米の際、日本から米国に対して「レーガンの台湾接近政策について心配している。中国に不安感を与えることは賢明でない」と進言する予定だと新聞が報道しています。（中略）鈴木首相の中国政策の背後には、鄧小平と連絡を続けている田中角栄のリモコンが働いているように思われてなりません》

右の報告書を読むと、鄧小平と田中角栄が田中角栄の秘書早坂茂三を介して密接に結びついていることが分かる。田中角栄は復権を狙っていた。復権とは、もう一度総理大臣になることであった。そこで一番大事なことは大金であった。この金は鄧小平から獲得できた。しかし、大きな代償を払わなければならなかった。中国の要望を受け入れること、すなわち、日本という国の主権を中国に売り渡すということであった。

そのよき例が、一九八二（昭和五十七）年に起きた教科書誤報事件であった。当時の官房長官宮澤喜一はこの事件が起きると、中国に対して謝罪する談話を出し、教科書用図書検定基準に「近隣諸国条項」を追加した。以降、日本は中国に対し、屈従外交を続けることになった。鈴木首相は田中角栄にこの件を相談した。田中角栄は「中国に行ってこの問題を話し合う」と調子の好いセリフをぶち上げた。中国側は「田中角栄を迎えない」と言った。

田中角栄を知る上で、この教科書誤報事件は一つのヒントを私たちに与えてくれる。マスコミはこの問題を大きく報道し、「角影内閣」と鈴木内閣を揶揄《やゆ》したのである。長塩守旦は、たびたび引用した「第六回史潮会」の速記録で早坂茂三について次のように語っている。

長塩　田中角栄の秘書で早坂茂三という小ずるい男がおりました。この早坂茂三は田中角栄の秘書で随分と脂ぎったでっぷりした奴でしたね。「時事放談」なんかよく出てきて、「文藝春秋」なんかでもよく書いていた男ですけど、これが鄧小平に会いに秘密裡に北京を訪問してるわけです。日本の外務省も、早坂が北京に行って鄧小平と会って何を話してるかって掴めない。情報が掴めない。なんで早坂は北京に行っているのかというのはわからない。

佐藤〔慎一郎〕さんが勘ぐっているのは、早坂は田中角栄に頼まれて鄧小平と賄賂の相談をしに行ってるんじゃないか。日本から中共に対中ODAとかなんか看板だけもっともらしいものが沢山ありますね。それを何百億円出すわけですね。そうするとマージンが日本企業にも入る。それもマネーロンダリングして大黒様田中の懐に還流してくる。それの相談をしに早坂は北京に行き鄧小平と会って、カネのやりとりの相談してるんじゃないかっていうのが、佐藤さんの見方です。

ここで長塩守旦は佐藤慎一郎が考察してきたことを解読している。三百億円の金は、日本にある中共の機関から貰い受けるから問題はない。早坂茂三が北京を訪れ、鄧小平に会ってきたのは、日本企業の中国利権への参入に対し、それ相当のバックマージンを田中角栄が要求していたということである。三百億円にプラスして、大きなマージンが、マネーロンダリングされて、田中の懐に入ったということである。

田中角栄は中国利権を最大の金脈と考えていたのが理解できたであろうか。私はあらためて、田中角栄とは何者であったのかと考えている。

私は『満洲と日本人』に収載されている「佐藤慎一郎先生の講演」(一九八五年三月八日午後)について記述した。特に、田中角栄のリベート三百億円について記した。その最後に次のように記した。

利益利益利益、です。こんなことで国が滅びないわけがありませんよ。

田中さんは田中さんで、その調子でしょう。だから、先ほども言ったように「田中角栄は一角のことしか分からん奴だ。大平はオオピッラに御免だ」と、中国人は言うんです。

この後に、私がすでに書いた教科書問題が書かれている。この問題が発生した後、鈴木首相が中国を訪問する場面が書かれている。

だから、「鈴木が北京へ行ったら、あれは終わりだよ」と言ったんだ。行って来たら終わりですよ。ところが鈴木さんは、僕が自民党へ行って知らせたのにネ、善幸ですよ、わけが分からんのだ。九十何人、行ったんですよ、鈴木さんと一緒に。飛行場へ着いた。誰が迎えに出た……？　外務次官一人と駐日大使。二人だけですよ。あとはザコばかり。

たった十日前に善幸さんが着いた同じ飛行場に、金日成が着いたんだ。党、軍、政の最高幹部全部、迎えに出ている。

私はこの文章を読んで思うのである。中共政府を救うために与えられたＯＤＡとは何だったのか、と。また思うのである。中共政府は、日本を馬鹿扱いすることで、もっと対中援助の大金を引き出せることを知ったのではなかったか、と。続けて思うのである。それは田中角栄という、利益利益利益を中国に求める日本の影の支配者を上手にコントロールすればいいことを中国は知ってしまったからだと。鈴木首相が中国で冷遇されたのを見た田中角栄は、己の実力が時の首相をはるかに超えていることを知り、無上の喜びに浸ったにちがいないのである。

続けて佐藤慎一郎の講話を読んでみよう。

今度、中曽根さんが総理になってから行った。一回目に行った時は、僕は中曽根さんに呼ばれてですね、かなり長い時間、色んなお話をいたしました。二回目の時は僕は呼ばれませんでした。それで、行きました。そしたら十六年間やめておった礼砲をネ、何発かバンバンと撃って迎えたというんだ。そしたら一緒におった、北京の大使館に四年間おった大使が、もう感激にむせんだと言って講演してるんだね、日本で。バカみたいな大使でないか。佐藤慎一郎が行ったって、四千何百億、貸したらネ、二十発撃てと言ったら二十発撃ちますよ。(笑い) 何も中曽根でなくたって撃つんですよ。まるっきりバカなことやっている。

中曽根康弘は訪中(一九八四年三月)の際、七案件について七年間にわたり、総額四千七百億円を目途に対中借款を約束した。佐藤慎一郎が指摘したのは、このことを指す。

この翌年に田中角栄は脳梗塞に倒れ、政治生命にほぼ、終止符が打たれた。大平、鈴木とは異なり、中曽根康弘は田中角栄という桎梏《しっこく》から逃れることができた。田中角栄の中国からのリベート、そしてマネーロンダリングによる体制も終わったのである。

ここで「もしも」の仮定で書くとするならば、田中角栄は、中曽根に中国に対し、四千七百億円の借款を約束した時点で、鄧小平との間に新しいリベートの件を話し合っていた可能性があるということである。

角栄、中曽根康弘の裏切りに遭う

中曽根首相の誕生はその大部分を田中角栄の応援によった。田中角栄もまた、その中曽根を背後から支配することで闇将軍としての威光を保持し続けることができた。

新潟日報報道部の『宰相田中角栄の真実』（一九九四年）の中で、中曽根康弘は次のように回想している。

昭和五十八年にはダブル選挙をやれ、との働き掛けが田中サイドから非常に強くあったね。でも、ダブルをやる意思は私にはなかった。内閣というものはもう少し実績を残さなければ解散はやれない。なにしろ仕事師内閣と言ったんだから仕事をみてくれ、と。だから一年ぐらいは仕事をした上でないと、解散はやれなかった。

このダブル選挙回避について、新潟日報社編の『ザ・越山会』（一九八三年）には次のように書かれている。

角栄神話の崩壊――。そんな兆しを感じさせたのは、〔一九八三年〕四月末の中曽根首相の「ダブル選挙回避」の決断である。「ダブルしかない」と広言していた田中に対する〝クーデター〟の成功である。闇将軍としての力の源泉は、政局の展開には常に主導権を発揮することである。それによって裁判という重圧をはねのけ、政界に君臨し得てきたのだ。

この回避劇を「静かなる政変」とみる池田勇人元総理秘書官・伊藤昌哉は「読みの鋭さと強気で鳴る男が、なぜ中曽根に反撃しなかったのか。田中の初めてのエラーだ。ツキが落ちたということか」と感想をもらした。

「角栄神話の崩壊」とはただ事ではない。その崩壊に向けて中曽根が動いたというのである。続けて読んでみよう。

ヒタヒタと押し寄せる神話崩壊の波、それを押し止めようとする田中が立てた戦略が「数と力」論理による参院だったといえる。そして、確かに数の上では勝利した。だが、「数と力」の支配は万能なのか。

田中を船に見立てたたとえ話が政界ではよく語られる。

執念が渦巻く政界という大海原に浮かぶ田中丸は、ロッキードという荒波を乗り切るためには大きな船にしなければならなかった。だが、十月の判決が有罪ならば彼は途方もなく大きな衝撃となる。大波には、世論と野党だけでなく、自民党内の反田中勢力も、〝波乗り〟に加わるかもしれない。

一九八三（昭和五十八）年十月十二日、ロッキード事件丸紅ルートの判決公判が行われた。東京地裁は田中角栄に対して懲役四年、追徴金五億円の実刑判決を宣告した。そして、十二月十八日に、世に言われる「田中判決選挙」が行われた。この選挙で田中角栄が二十億円以上の大金を投じたことはすでに書いた。新潟日報報道部の『宰相田中角栄の真実』は一度引用した。中曽根康弘がダブル選挙を語る場面であった。この場面の続きを読んでみよう。角栄の没後まもなくのインタビューである。

〔昭和〕五十八年十月十二日にロ〔ロッキード〕事件の一審判決が出た。その後二十八日に、ホテルオークラで一時間四十分、角さんと話したね。これはやっぱり同期生として、来し方、行く末を話したんですよ。

私は角さんと会って偉いと思うのは、自分の利権とか利害に関することは一切僕に言わなかったね。みんな国家的なことを言ったですよ。私も言ったね。そうやりながら来た。だからわれわれが会ったときも、そういう大きな見地からの話をいろいろやった。それから友情としてね、やはり同期生としてこういうふうにしたほうがいいよ、という話をしたわけでね。

中曽根康弘は「風見鶏」と呼ばれた政治家である。少数の政治家集団のトップとして、たえず自民党の総裁選に複雑かつ巧妙にからんできた。特に、大平首相死去の後、首相にならんと暗躍した。そして田中角栄に魂を売り、ついに内閣総理大臣の座を獲得した。しかし、風見鶏である中曽根首相は、田中派内の暗闘の中に角栄神話の崩壊を見て、大きく変貌していくのである。田中角栄が熱望したダブル選挙の拒否がそのよき例である。

また、同年十月十二日に出た一審判決に対しても、中曽根首相は当時、田中角栄の擁護を全くしなかった。中曽根は田中角栄について、続けて次のように語っている。

ロ裁判一審判決直後の「今後も不退転の決意」との田中所感がホテル会談直後に「自重《じちょう》自戒《じかい》」となるが、私はそういう心境声明を出したほうがいい、というような話を出した。彼はそれをやってくれたねえ。

五十八年暮れの総選挙による自民敗北で私はずいぶんいじめられたけど、辞めなきゃならんことにはならん、頑張れば頑張れる、とタカをくっていた。岸信介元首相も「中曽根でいい」と言ってたもんね。

田中角栄は一九八三（昭和五十八）年のある時点で、たぶん、それは、同年十月十二日に出たロッキード事件の一審判決の後で、角栄神話の崩壊がはじまったと感じたのではないか。しかし、その神話の崩壊がはっきりと姿を見せるのは一九八四（昭和五十九）年十一月下旬のことであった。大下英治の『鉄の田中軍団・宿命の「暗闘と掟」』から引用する。

昭和五十九年十一月下旬の、朝の七時半すぎであった。

金丸は、いよいよ、竹下内閣実現のための旗揚げを開始しようとしていた。ためらいを見せる竹下の腰を強引に上げさせていた。

竹下は、金丸の言葉を深刻な表情で受け止めていた。なにしろ、金丸は、かつて佐藤派から飛び出し、田中角栄が政権を奪いとるために命を賭けた。その金丸の言である。説得力は十分あった。

金丸は、竹下の煮えきらない態度に苛立つように言った。

「オヤジは、派閥の領袖《りょうしゅう》を、ついに『平均寿命までやる』、と言い出している。平均寿命といやぁ、七十五歳だ。そのときは、あんたは、六十九歳。それまで、待てねえだろう」

竹下は、ようやくうなずいた。

「わかった。よろしく頼みます」

金丸は、初めて顔をほころばせた。

〈いよいよ、この男を総理に担ぐときがきたか〉


竹下派を潰そうと田中角栄は暗闘を繰り返す。しかし、その田中角栄の努力にもかかわらず、竹下派は日に日に増えていった。一九八七（昭和六十二）年五月二十一日、「竹下登自民党幹事長激励の夕べ」で、このパーティに百二十人を超える田中派議員が出席した。六月三日、竹下登擁立大会が開かれた。七月四日、竹下の「経世会」が発足した。百三十人を超える大派閥が誕生したのである。十月に安倍晋太郎、宮澤喜一と竹下登の三人が総裁選挙に立候補すると表明した。

しかし、最終的に中曽根首相に調整を一任することが決まった。十月三十一日、竹下登が自民党大会で第十二代総裁に選出された。そして十一月六日、竹下内閣の誕生となった。

田中角栄とは直接は関係ないが、中曽根康弘関係の佐藤慎一郎の「総理大臣秘密報告書」を

「第六回史潮会」の中で長塩守旦が公表しているので引用することにする。

まずは一九八二（昭和五十七）年十月の報告書である。

長塩　〔佐藤慎一郎の報告書によれば〕中曽根の首相就任を最も歓迎するのはソ連であろう。中曽根の側近にソ連が教育訓練した専門のスパイ、瀬島龍三がぴったりとついているからである。瀬島は長年に渡って中曽根に「伊藤忠商事」から多額の献金を続けてきた。そして中曽根の最高の防衛政策スタッフとしての役割を演じつつ、ソ連との秘密連絡を行ってきた。瀬島の協力への見返りとして、中曽根は自分が担当する行革を推進する臨調の委員に瀬島を就任させ、瀬島の宣伝を助けている。中曽根が首相になれば、瀬島はやがて防衛問題について首相の最高スタッフになるであろう。日米間の防衛問題についての話し合いや対ソ政策などについて、国家の機密情報がソ連に流されるであろう。

右の報告書は、中曽根康弘が鈴木内閣の行政企画庁長官として行政改革に取り組んでいたときの佐藤慎一郎の報告書である。この報告書は、日本の国家機関の最高機密文書扱いされたものと思われる。続いて、一九八三（昭和五十八）年一月の「総理大臣秘密報告書」を引用する。

瀬島龍三は、中曽根が総理になる日のためにソ連が大事に育ててきた重要なスパイである。アメリカのCIAは三十年も前から瀬島をソ連スパイの容疑が極めて濃い人物として注目していた。瀬島はソ連でスパイ訓練を受け、ソ連に忠誠を誓って帰国した男である。伊藤忠商事の対ソ貿易が伸びたのは、瀬島の功績であるが、ソ連は瀬島に特別の配慮を与えた。瀬島が重要なソ連のスパイである疑いが濃いと警察庁では判断していたが、彼の行動を監視する仕事をほとんど怠ってきた。

この他に、佐藤慎一郎の残したノートの一部を長塩守旦は語っている。「日本の情報を中共に流し、中共の信頼を得て、中共と連絡をつけて中共の情報を得た。その情報をソ連に流していた」と。こういうことから見てくると、中曽根首相が中国に借款したODAの金も、中共のスパイの工作に使われた可能性がある。田中角栄が三千億円の対中借款で、三百億円のリベートを得たように、中曽根首相と伊藤忠が組んで、ブラック・マネーロンダリングが行われた可能性がある。

青木直人は『中国ODA6兆円の闇』の中で、次のように書いている。円高が進み、中国側が金利二・五％を問題視したことに触れての後始末のことである。

その後日本政府は、この円高の調整として黒字分を再度還流させる処置をとる。こうした経過を辿りながら、第2次円借款は最終的に当初の予定の7年間を1年短縮して89年度までで5709億円を供与して終了した。

一九八三（昭和五十八）年一月の「総理大臣秘密報告書」を見てみよう。

ソ連が瀬島に与えている任務は、以下の二点とみられる。一点は日本の防衛問題についてのスパイ活動、これは伊藤忠商事を利用して行う。それから二点目が、米国が軍事行動を起こす場合の第一報を誰よりも早くモスクワに連絡すること。

伊藤忠商事は、中曽根内閣のときに瀬島龍三を通じて太いパイプができた。この太いパイプは瀬島龍三の死後も、伊藤忠商事社長の丹羽宇一郎《にわういちろう》に受け継がれ、今日に至っている。丹羽宇一郎は民主党政権時代の二〇一〇年、突如中国大使に任命されている。田中角栄の流れが竹下登の経世会に受け継がれているのと同じパターンである。

【第7章】田中角栄と娘・真紀子の媚中事情

角栄の死と真紀子の登場

佐藤昭子の『私の田中角栄日記』から再度引用する。この日記の第十二章のタイトルは「人情紙風船」である。私がとても好きな言葉の一つだ。

昭和六十年二月二十日（水）雨

このごろ田中の言動がおかしい。朝からウィスキーを飲み、事務所に来た時にはもう千鳥足で、目も真っ赤に血走っている。いくら私が止めても、ウィスキーのがぶ飲みをやめようとはしない。口論の末、最後は自分でボトルから注ぎ、濃い水割りを作る始末。それが毎日のようにではなく、文字通り毎日続いている。

昭和六十年二月二十七日（水）晴のち曇

夕方五時半、目白事務所の秘書から電話。「オヤジが倒れた。脳卒中のようだ」と。取りあえず、マスコミの目に触れないように、暗くなってから寝台車で逓信病院に入院させるように指示。あんなに酒を飲んだら、精神的にも肉体的にも良くないのではないかと心配していたのに。張り詰めていたものが、ボキッと折れた感じ。

九時すぎ、田中の入院を知った小山森也〔郵政〕事務次官から、見舞いに行った方がよいかどうかの問い合わせ。「田中は二、三日前から風邪気味でした。たいして心配はないと思いますし、マスコミが騒ぐといけませんから」と辞退。まわりにいた議員たちにも風邪だとゴマかしていたので小山さんにもそう言ったのだが、逓信病院だから郵政省に情報が入るのは当然のこと。私としたことが間の抜けた返答をしたものだ。


田中角栄のもう一人の愛人、元神楽坂芸者の辻和子の『熱情』は一度引用した。同じ場面が次のように描かれている。


昭和六十年（一九八五年）二月二十七日、お身内の方から、その日、おとうさんが目白台の自宅で倒れ、東京逓信病院に搬送されたということを知らされました。逓信病院は、市谷のお堀を挟んで、わたしたちの家の窓からも見える距離にありました。

その折、新宅さんとおとうさんの末の妹さんが来られて、こう言われました。

「病院にはいっさい行かないでください」

「行きませんとも」

わたしはむしろ自分自身に強く言い聞かせました。二人の子どもたちも会いたかったでしょうが、やはり会いには行きませんでした。

報道によれば、二月七日に竹下登先生が自前の派閥である創政会を立ちあげ、これがおとうさんの逆鱗《げきりん》に触れて、それが極度のストレスになって脳梗塞を起こしたらしいということでした。


田中角栄の二人の愛人の記録を紹介した。田中角栄は東京・逓信病院に入院し、最上階である九階の東病棟特別個室三六〇号に入った。

面会の受け付けは田中角栄の秘書早坂茂三があたったが、娘の田中真紀子はほとんどの面会を拒絶した。二階堂進さえ田中角栄に会うことができなかった。さらに、田中真紀子は渡辺恒彦病院長、加藤政昭医師、さらに田中角栄の秘書の早坂茂三の三人を絶縁すると発表した。そして、病身の田中角栄を目白台の自宅に運び込んだ。

それだけではない。田中真紀子はイトーピアの個人事務所も閉鎖すると一方的に発表した。

私は田中角栄の中国利権に的を絞って、この本を書き進めてきた。ここで、大下英治の『父と娘　角栄・眞紀子の三十年戦争（上）』（二〇〇二年）から引用する。田中角栄が脳梗塞で倒れてから約二年半がすぎた一九八七（昭和六十二）年九月の北京訪問である。田中真紀子は夫・田中直紀とともに北京に着いた。二階堂進が同行していた。

　眞紀子は、〔一九八七年〕九月五日、中国の最高実力者鄧小平に会うと、流暢な中国語であいさつした。

「わたしが田中角栄の娘です」

　鄧も、満面の笑みで答えた。

「どうか、田中さんにくれぐれもよろしく」

　病気療養中の角栄に代わり、中国側から角栄に寄せられた見舞いなどに礼を述べることを目的とした、眞紀子初の訪中であった。

　眞紀子は、行く先々で熱烈歓迎を受けた。

　日本では影響力が日増しに薄れつつある角栄だが、ここ中国では「もっとも偉大な日本の政治家」と称賛の言葉に包まれ、感激の面持ちだった。

　私は右の文章を読みつつ、一つの事が私の脳裡の奥で浮かんでは消えていくのを知った。この鄧小平と田中真紀子、そして二階堂進の会談は、田中角栄が中国に持っていた、特殊利権の総決算をするためではなかったか、ということである。

なぜなら、田中真紀子が訪中した約二カ月後の十月三十一日に新総裁が決定する自民党大会が予定されていたからである。そこで、田中真紀子が最も嫌う竹下登が新総裁になることがほぼ決定していた。鄧小平側も田中角栄との利権に関する問題を清算する必要に迫られていた。鄧小平と田中真紀子の妥協がなった。「中国側からの角栄に寄せられた見舞い」であり、それに「礼を述べることを目的とした」田中真紀子の中国訪問であったと、私は理解している。

続けて、大下英治の本を読んでみよう。


中国人は「最初に井戸を掘った人を忘れない」といわれている。角栄は、日中国交正常化をおこなった人物として深い尊敬を受けている。

二階堂も、要人との会談ではかならず直紀とともに眞紀子を相手側に紹介する気の遣いようであった。

中国側も、一連の会談にはすべて眞紀子の同席を認め、「最初に井戸を掘った友人」田中元首相へのいまなお変わらぬ思いを表してみせた。

そんななかで中国側の話題をさらったのが、眞紀子の堂々たる受け答えぶりであった。

会談で懸案の日中関係に話がおよぶと、眞紀子は国会議員である夫の直紀や同行の国会議員に先んじて熱弁をふるった。

「日中間にあいまいなことがあってはならない、と父はつねづね申しており、日中の将来を大変心配しています」

眞紀子は、かつて米「タイム」誌から「鉄の意志をもつ小サッチャー」と評されたこともある強気な一面をのぞかせた。


中国人は「最初に井戸を掘った人を忘れない」という言葉を田中角栄の功績としてよく語る。しかし、この「井戸を掘った最初の人」、田中角栄を私は評価しない立場から、この本を書いてきた。周恩来から鄧小平の時代にかけて、日本はほぼ無条件で莫大な金を中国に与えてきた。その金で中国は、日本が気がついたとき、世界でアメリカに次ぐ巨大軍事国家へと変貌していたのであった。中国共産党は、井戸を掘る人、すなわち、田中角栄に、「円」という通貨がいっぱい詰まっている井戸を掘らせたのである。当時はアメリカもヨーロッパも中国を完全に無視していた。ドルやポンドやマルクを中国に与えることはなかったのである。

周恩来が田中角栄に「お前さん、小者だよ」という色紙を渡したように、田中角栄は周恩来、鄧小平から、「小者扱い」を受けていた。その証拠は、三千億円のODAの見返りに鄧小平と交渉し、リベート三百億円を貰ったという事実を記すだけで十分であろう。

田中角栄は、一九八九（平成元）年十月十四日に政界引退を表明した。女婿の田中直紀が越後交通本社でその声明を読み上げた。

今期限りをもって衆議院議員としての政治生命に終止符を打つ決意をしたことを声明いたします。四十二年の永きにわたって越山会をはじめ多くのみなさまからわたしに寄せられた強力にして絶大なご支援に対し、深甚なる謝意を表します。わが愛する郷土新潟県の発展と邦家安寧《ほうかあんねい》のために、後進の諸君のいっそうの奮起を期待するものであります。顧みてわが政治生活にいささかの悔いもなし。

平成元年十月十四日　衆議院議員　田中角栄

この引退表明は田中真紀子側から突然に出されたものであった。かくて、田中角栄の政治活動の幕は突然に降ろされた。

仲俊二郎の『この国は俺が守る　田中角栄アメリカに屈せず』（二〇一一年）は題名が明らかにするごとく〝角栄賛美本〟である。この本の中で、仲俊二郎は田中角栄と江沢民《こうたくみん》のことを書いている。

一九九〇年一月二十四日、ついに田中は政界を引退した。衆議院議員勤続四十二年余だった。最高裁判決はまだ出ておらず、裁判は続いている。田中は真紀子の世話のもと、リハビリに励みながら、潔白へ向けた心だけは持ち続け、表面的には静かな日々を過ごしていた。

そんなところへ思いがけない来訪者があった。一九九二年四月七日、来日していた中国の江沢民総書記が訪ねてきたのである。世界の大国、中国のトップリーダーが、政界を引退した一老人に過ぎない病床の田中を見舞いに来た。

田中は背広に着替え、事務所で出迎えた。懇談は病気の田中を気遣い、十五分間ほどに設定された。

江沢民総書記は田中の目を覗き込むようにして、静かに力強く言った。

「中国では井戸を掘ってくれた人を大切にします。一九七二年の国交正常化は、田中先生のご尽力によるものです」

口が不自由な田中は目に涙を浮かべた。頭を下げて、それからシャンパンを一気に飲み干した。おそらく周恩来と一緒にマオタイを飲んだ時の光景を思い出していたことだろう。

真の外交とは、こういうことをいうのではないか。田中は日本の国益を背負い、時には喧嘩をし、しかし精一杯の誠意を尽くして、相手の懐に飛び込んだ。そして互いに、Win-

Winの成果を得、国交を回復させたのだった。これほどの外交巧者が果たして今の日本にいるだろうか。国際間で多事多難の今日、もし田中ありせばと思わざるを得ない。

やはり、ここでも「中国では井戸を掘ってくれた人を大切にします」と、江沢民は田中角栄を褒めちぎっている。私はこの件に関し、異論を唱えた。この仲俊二郎の本は、二〇一一年に出版された。平成の世においても、田中角栄人気が衰えを知らぬことを証している。そして、例外なく、一九七二年の日中国交回復をやり遂げたことに礼賛の声を上げるのである。私は、この件を改めて書かないことにしよう。

一九九二（平成四）年八月二十七日、田中角栄は成田発の日航チャーター機で北京へ出発した。田中角栄が実現させた日中国交正常化二十周年を記念し、中国側が田中角栄を招待したのであった。

田中角栄は宿舎の釣魚台《ちょうぎょだい》迎賓館の応接間で記者団を待っていた。きちんとした背広姿で顔色もよさそうであった。しかし、彼は言葉が不自由で、記者団の質問にほとんど答えることができなかった。ただ、会見の終わりごろ、彼は手を上げた。しかし、その手は左手であった。

一九九三（平成五）年六月十八日、宮澤喜一首相は衆議院を解散し、選挙戦に突入した。田中真紀子はこの選挙に出馬し最高得票で当選した。当選翌日の七月十九日、田中真紀子は田中角栄とともに故郷・新潟県刈羽郡西山町の町役場前に帰ってきた。

そのとき、田中真紀子はこう叫んだ。

「みなさーん、今日はわたしの公約第一号、〝目白の骨董品〟を連れてまいりました」

田中角栄は娘の晴れ姿に眼を細めていた。

一九九三（平成五）年十二月十六日、「田中氏は甲状腺機能亢進症が元来あり、肺炎を併発して、本日十四時四分に亡くなった」と、慶応病院で午後三時四十分すぎ、金田進事務局長が発表した。七十五歳での没であった。自民党と田中家の合同葬は、十二月二十五日午後一時から、東京・南青山の青山斎場で執り行われた。

大下英治の『父と娘　角栄・眞紀子の三十年戦争』から再度引用する。


異例だったのは、中国の徐敦信駐日大使が弔辞を述べたことである。当初の予定にはなかったが、大使が「中国を代表してあいさつをさせてほしい」と、自民党に強く申し入れ実現した。

徐敦信大使は、弔辞を述べた。

「中日友好事業の大きな損失であり、中国国民も深い悲しみの念に堪えない」

日中国交の正常化の業績をなめらかな日本語で讃《たた》えた。

角栄無惨、真紀子の虐めに屈する

田中真紀子の金脈について書いてみたい。田中角栄が死んだのが一九九三（平成五）十二月十六日。田中角栄の賄賂五億円（ロッキード事件）の所得税など約四億円を納付したのが一九九四（平成六）年三月であった。延滞税九億六千万円は、軽井沢の別荘を担保提供していたため半額の四億八千万円になった。この一九九四年の六月三十日には村山富市内閣が成立、田中真紀子は科学技術庁長官として入閣した。

一九九四年七月、田中真紀子は相続遺産を総計百二十億円と申告した。

田中角栄の遺産の中身は、不動産が約七十三億円、株式が約三十一億円、その他で約三十億円。総額約百三十五億円だが、債務約十六億円（延滞税など）が差し引かれ、結局約百二十億円が課税対象となった。なお、財団法人田中角栄記念館に寄付された三億九千万円は課税対象外となった。田中はな（田中角栄の妻）が約六十億円、田中真紀子が約二十億円、田中直紀が約二十億円、田中京《きょう》（辻和子と田中角栄の長男）が約十億円、田中祐《ゆう》（辻和子と田中角栄の次男）が約十億円をそれぞれ相続し、相続税を支払った。

しかし、恐るべきことが野田峯雄と小山唯史の『「疑惑の相続人」田中真紀子新金脈の研究』（一九九五年）に書かれている。少しだが引用してみる。

真紀子が角栄から受け継いだものは、「オモテ資産」プラス「ウラ資産」なのだ。このうち、個人名義の「オモテ資産」のほうだけに相続税がかかってくる。企業所有の「ウラ資産」のほうは、いくら多くても、直接は相続税の対象とはならない。株を通じて間接的に課税されるだけだ。つまり、「ウラ資産」を抱えるファミリー企業の株を、角栄が個人名義でもっていれば、その個人名義株の相続というかたちで相続税がかかるだけである。しかし、その株の相続にあたって、株の評価が著しく低いものならば、相続税はわずかで済んでしまう。

右の文章を読んで分かるのは、田中角栄が新潟県を中心に多数の会社を所有していた。そのまま、田中真紀子がこの会社の株式を引き継ぐと莫大な相続税がかかる。そこで、田中真紀子は実体のまったくない株式会社を自宅内につくり、田中角栄が生きているうちに、田中角栄から譲渡されたという形で、田中真紀子名義に切り換えていたということである。

さて、ここで私は一度引用した立花隆の『田中角栄新金脈研究』の一節を再度引用する。

本当に二百億円持っているかというと、実は持ってない。持っているわけがないんです。二百億円というのは、彼の金脈の一切合切、旧信濃川河川敷から鳥屋野潟《とやのがた》から、何もかもひっくるめて、そういうものが彼の思惑どおりに現金化されることを見込んでのものです。

田中角栄が一九八五（昭和六十）年二月二十七日に、脳梗塞で入院した直後の立花隆の発言である。その日から十年の歳月が流れ、野田峯雄と小山唯史の本が出版された。では、立花隆が指摘した「旧信濃川河川敷と鳥屋野潟の土地」はどのように変わっていったのか。一九九五年の時点でこの土地（千秋が原という）がどう変わったのか。二人の本からの引用である。

「信濃川の東、つまり現在の市街地にはほとんど更地がなく、もう手いっぱいです。だから、住宅も大型店舗も、みんな川西へ向かっている。あっちはこれからどんどん発展していく」

と、長岡市の大手不動産会社の営業幹部はいい、こんなふうに続けた。

「千秋が原の場合はまだ一般の売買事例がないし、おまけに公示価格もない白地だからねエ……周辺の動向から判断すると、坪四十万円前後（十二万円前後／㎡）じゃないかな。

去年、近くの緑町で四十万円という取引があった。千秋が原は大型店舗や企業本社にはもってこいの場所だから、角栄さんの娘は、きっとひと儲けするね」

ほかの不動産業者たちにも同地の時価を聞いてみる。と、坪三十五万円（約十一万円／㎡）から五十万円（十五万円／㎡）の推定値が出てきた。が、おおむね坪四十五万円（十三万六千円／㎡）が妥当な価格のようだ。

とすると、いま真紀子の君臨する千秋が原は総額約五百億円になる。

疑惑にまみれた角栄の土地は、文字どおり巨額の資産となって彼女の手に転がり込んできたのだった。

この〝千秋が原〟の資産だけではない。「ウラ資産」は莫大である。私は田中角栄の「中国利権」の残り二百億円は完全に田中真紀子の手に渡り、秘匿されていると思っている。野田峯雄・小山唯史は「田中角栄のウラ資金は七百億円から八百億円に達し、そのほとんどを田中真紀子が相続した」と書いている。また、この二人の本には、田中真紀子の田中角栄に対する〝仕打ち〟が書かれているので、読者に紹介したい。証言者は片岡甚松（越後交通社長）である。

彼は長い間、田中角栄のブレーンの一人であった。

「あれ（真紀子）は先生を目白の屋敷のなかに閉じ込めて、リハビリを十分にやらせず、言語も判断力も回復させないまま病状を固定させてしまった。おれたちには、残念なことに先生の判断力が戻らないとよくわかっていた。真紀子はすべて父・田中角栄の威光と名を借りて、じつは自分自身の考えを押しつけてきた」

次に元秘書の証言を記すことにする。田中角栄の哀れが書かれている。

田中邸にいた人たちは異口同音に「先生は幸せな病人ではなかった」と語る。

「真紀子の最大のウソは先生の病気に関するものです。先生が倒れてからは身のまわりの世話はほとんど新宅（利男）さんがしていた。彼の自殺後、その仕事はC子さん（女性秘書）に替わりました。このC子さんも理由なくクビにされてしまった……シモの世話などは運転手たちがやっていました。彼女がやったことといえば、薬をあげ、屋敷の外の人の目から（父・角栄を）隠したことだけではないでしょうか」

もう一度だけ引用する。この本には、これでもかと角栄の哀れが描かれている。

元越山会最高幹部の一人は、かつて目撃した次のような場面を話す。

「真紀子は先生が不満そうにすると、『それなら、国会へ行くかね』とどなるようにいった。先生が国会へ行けないのを百も承知のうえでね……先生は、私たちが同席しているので強気になったのか、真紀子に反抗するそぶりをみせた。でも、真紀子が二言、三言、激しい言葉をぶつけるとすっかり縮こまってしまった。子どものようにおびえてしまった」

縮こまり、子供のようになってしまった角栄——彼にはもはや闇将軍などと呼ばれた昔日のおもかげはない。つまり、角栄が縮こまった分だけ、真紀子は巨大化したわけだが……本間幸一は巨大化した真紀子の老母・はなに対するこんな仕打ちを見たという。

「真紀子がはな夫人の髪をつかんで引きずっていた」

にわかには信じがたいことだが、目白邸に勤務していた事務員や運転手たちも、母・はなをののしる真紀子の言葉の汚なさについて、いったん怒り出すと何もかも手あたりしだいに庭へ放り投げる真紀子の挙動について、こもごも口にした。

読者はこの田中真紀子の田中角栄に対する冷たい仕打ちをどのように思うであろうか。田中真紀子は幼いときから父・角栄の金脈政治の世界を見てきた。そこで、蓄財の方法をマスターしていたのである。あまり詳しく書かなかったが、田中角栄が「オモテの金」と「ウラの金」

を巧みにチェンジしながら、赤字会社と幽霊会社を巧みに経由させて、マネーロンダリングを繰り返してきた手法も田中真紀子は自然にマスターしていた。田中角栄が倒れ、死に至る数年間は、田中角栄の金を自分の設立した会社に移し替えるための期間であった。

「ウラの金」のなかでも最大なのは、間違いなく、あの対中借款三千億円のリベート三百億円であった。この三百億円のうち二百億円は田中真紀子の手に渡ったままである。

大下英治の『小沢一郎と田中角栄』(二〇一二年)から引用する。


田中は、酒焼けした顔をさらに赤く染めて、竹下をののしった。

「俺が100億円以上かけてこの田中派をつくり上げたのに、あいつはたった1億8000万円でつくるのか。やるなら、やってみろ！　これまで、県議出身で総理大臣になった者はいないんだ」

1億8000万円というのは、竹下が「創政会」のメンバー一人一人に、200万円近くの金を配ったという情報を耳にしたためである。


しかし、結論を書けば、田中角栄は竹下登に敗れたのである。田中角栄の多くの部下たちが竹下登のもとへ馳せ参じたからである。

田中真紀子は田中角栄同様、竹下登を決して赦すことができなかった。そして、田中真紀子は田中角栄方式を見習い、蓄財に励むのである。

ここでもう一つ考えてみたい。総額八百億円ともいわれる相続財産を手にした田中真紀子は、はたして幸せなのだろうか。私は田中角栄の死に至る病の中に、その答えをさがした。稀代の政治家と今日でも持て囃される田中角栄の中に傲《おご》れる者の末路を見た。

田中角栄はお祭りの日（ハレの日）に登場し、人々を笑いの渦の中に巻き込んだ道化師ではなかったか。これを西洋風に表現するならば、トリックスターである。トリックスターはいつの日か、中央の舞台から去らなければならない運命にある。彼はさびしく去っていったはずであった。しかし、黄泉《よみ》の国から再び呼び戻されてきた。なぜか？

真紀子外相、中国寄りの発言を繰り返す

続いて、田中真紀子を見ていくことにしよう。

田中角栄の娘であるゆえ、衆議院議員となってからも、彼女は恵まれていた。田中真紀子は、一九九四（平成六）年六月、第六十一代村山内閣の科学技術庁長官に就任した。一九九八（平成十）年七月、自民党総裁選に出馬した小渕恵三、梶山静六、小泉純一郎をそれぞれ「凡人・軍人・変人」と評し、その年の流行語大賞を受賞した。

この変人と批評した小泉純一郎が次回の総裁選に出馬すると、一転して、田中真紀子は小泉を応援した。「敵の敵は味方」であった。本命視された橋本龍太郎は、かつての敵である「経世会」の一味であった。当時のテレビ報道は、小泉純一郎と田中真紀子が選挙カーの壇上に立つ姿を連日連夜報じた。

二〇〇一（平成十三）年四月、新しい総理となった小泉純一郎は組閣に取り組んだ。ここで予想外というべき閣僚人事が発表された。田中真紀子が外務大臣に任命されたのである。小泉純一郎が総裁選直前まで会長を務めていた森派の幹部、そして前首相の森喜朗が猛反対した。

森喜朗は小泉純一郎に怒鳴った。

「だめだ、あれを要職に就けてはならない。国家にとって損害だし、必ず痛い目に遭う」

田中真紀子は小泉純一郎を支持、応援すると決めたとき、「あなたが首相になったら、私を外相にしてくれますね」と約束していたのである。ここでは外務大臣としての田中真紀子の諸々の事件について書くのをやめて、対中政策に的を絞って書くことにする。

青木直人の『中国ODA6兆円の闇』から引用する。この本はたびたび引用した。


3度目が2001年の待望の外相としての〔中国〕訪問である。このとき、真紀子は旧知の古い友人と再会している。新聞記事から紹介しておこう。

「田中真紀子外相は父親の田中角栄以来の交流がある故鄧小平氏の長男・撲方《ぼくほう》・中国身体障害者連合会主席（57）と会談。……その中で、北京はすごく活気にあふれていて感動しました、と6年ぶりの訪問の感想を述べた」

「田中外相は去り際、車椅子の撲方氏を抱きかかえて涙を流した」。真紀子は高揚していた。

鄧撲方《とうぼくほう》とはどんな人物か。彼は文化大革命中に紅衛兵に襲われ、身体障害者となった。その鄧撲方は父親の力により、「中国身体障害者連合会」を設立する。日本政府はこの会に、一九八

五、八六年度の二年間で三十三億八千万円の無償援助金を与えた。対中借款に無償援助なるものが登場したのはこの時が始まりである。病身の田中角栄は一九九二（平成四）年の日中国交正常化二十周年に中国を訪れたとき、この連合会に五十台の車椅子を贈っている。死の直前である。

二〇〇一（平成十三）年五月二十四日、その日、北京で東南アジア諸国連合（ASEAN《アセアン》）外相会議が開かれた。同日、田中真紀子外相は、唐家璇《とうかせん》中国外交部長との外相会談に臨んだ。懸案はたくさんあった。李登輝《りとうき》・前台湾総統へのビザ発給問題、中学歴史教科書検定問題、そして、小泉純一郎首相靖国神社参拝問題などが特に重要視された。田中真紀子外相は、外務省が用意した文章そのままを唐家璇外交部長に伝えた。

七月二十九日、小泉首相は田中外相と久々の会談をした。上杉隆の『田中眞紀子の正体』（二〇〇二年）から引用する。

> 小泉は総裁選から一貫して、八月十五日の靖国神社参拝を公約に掲げてきた。いよいよ残り二週間を迎え、中国、韓国からの圧力は日増しに強まっていた。日本政府にとって七月末のハノイで行なわれる日中、日韓両外相会談は、首相の強い姿勢を伝える最後の機会だった。

A級戦犯を合祀している靖国神社。首相によるそこへの参拝に対しては、近隣アジア諸国の一部から警戒がある。なかんずく中国と韓国は、近年の日本の復古主義を恐れ、神経質になっている。もちろん両国が「外交カード」として靖国問題を利用している面も否めない。〔中略〕

春、小泉は首相として、靖国神社参拝という公約を掲げた。政治家が一度示した決意は軽くない。イデオロギーが後退したこの時代、国民が政策以上に政治家としての姿勢を注視していた。小泉にとってなによりも大事なことは、一国のリーダーとして誓ったことを守れるかどうか、という一点だった。

残念というべきか、田中真紀子外相は、小泉首相の真意を理解できなかった。彼女はこう首相に言ったのである。

「参拝し終わってから、中国、韓国に説明するのは逆だと思います。靖国神社に行くべきでないという国々の心の痛みを考えていただきたい。日中国交回復から来年で三十年経つなかで、父を含め、先人がどれだけ苦労したか、八月十五日まであと二週間あるのでよく考えていただきたい」

これが外務大臣が首相に言うべき言葉であろうか。もし、この言葉の後に、自らの辞表を出して首相官邸を立ち去る場面なら赦されるかもしれない。田中真紀子は閣僚の任命権が首相にあるのを忘れていたとしか思えない。否、小泉首相は彼女を任命権の外においていると確信していたのであろう。

七月二十四日、ハノイで日中外相会議がもたれた。唐家璇外交部長は「靖国神社への参拝をやめてほしい」と五月に続いて要求した。唐家璇の幾度もの要求に、ついに彼女は外務大臣の職務権限を超えて次のように答えたのである。

「お国の考え方はよくわかりました。日本に戻ったら私から必ず小泉総理に伝えます」

たしかに、田中真紀子外相は帰国後の二十九日、中国側からのメッセージを携えて小泉首相に伝えた。しかし、小泉首相は田中真紀子外相外しの準備をしていくのである。田中真紀子は小泉首相の真意を読むことができなかった。二〇〇二（平成十四）年一月二十九日、田中真紀子は首相執務室から出てきた。そこで、テレビカメラの波にさらされた。田中真紀子の顔からは、あのいつもの人を睨《にら》みつけるような視線が消えていた。

上杉隆はこの間のことを次のように書いている。

官邸の玄関前で、眞紀子は極めて冷静にだが、明らかにいつもとは違った様子で、数分前の出来事を説明していた。カメラのライトが、至近距離から彼女の顔を照射する。普段なら目を細めて怒りだす彼女が、この夜は文句すら言わない。

「『私の更迭でしょうか』と伺いましたら、『そうだ』とおっしゃいました。総理から、小泉総理から直接に私を『更迭する』という言葉があって、私は『長いことお世話になりました』と言って席を立ちました」

田中真紀子に関する多種多様な伝説が、彼女の外相更迭後、続々と生まれてきた。しかし、私はそのすべてを無視しようと思う。小泉首相は田中真紀子を更迭しなければ政権を維持できなくなったことは事実であった。

私がこの項の中で書き残しておきたいと思うことがあるので記すことにしよう。それは父娘とはいえ、あまりにも二人は似ているのである。その類似点の筆頭は、二人の金銭感覚である。この二人には金脈・金権に裏打ちされた特別の人生観がある。やさしく表現するならば「私はお前たちよりも金をたくさん持っている」という、過剰な自意識である。父・角栄は持っている金を使い、総理大臣にまで昇りつめた。一方、娘・真紀子は元首相の娘という栄光を背景に外務大臣の椅子を手に入れた。

しかし、この父娘には全く異質のものがあった。田中真紀子は父・角栄の財産を少しでも減らすまいとして、〝けち〟に徹した。それだけではない。自分が支配する部下を〝使用人〟と呼び、その多くを去らしめた。このことは前項で一部書いたので省略したい。

小泉首相が田中真紀子外相を更迭した理由は中国問題以外にもたくさんあった。私はそれらをすべて省略した。

この項の最後に田中角栄のエピソードについて触れておきたい。それは、彼の常套句《じょうとうく》として有名な「責任は俺がとる」という言葉である。田中角栄の本、とくに〝角栄ヨイショ本〟は、この常套句をもって田中角栄の真骨頂という。私は今までこの句を完全に無視してきた。「またか！」と思ったからである。

田中角栄は日中国交回復交渉の場でも、大平外相、その他の外務官僚たちに向かって、この言葉を多用している。その意味は「俺にはどう処理していいか分からない。だから、君たちで考えてくれ」という意味である。要するに、すべての場面において、自己の利益に結びつかないことに関する、徹底した〝無関心〟である。

私は田中角栄を「ハレ」（お祭り）の日に登場した道化師と表現した。では、田中真紀子はどうか。彼女も同じ道化師であったと思っている。越後という辺境から中央に出てきた道化師父娘は一時的に持て囃されて、さびしく消えていった。

しかし、この道化師父娘が残した犯罪はあまりにも大きい。その犯罪の一つが対中借款を拡大したことである。次の最終章では別の角度から、対中借款、いわゆるＯＤＡについて書くことにする。

【終章】終わりなき対中援助に怒りを込めて

「南京大虐殺」と「角栄の井戸」はセットである

一九八四（昭和五十九）年三月に中曽根康弘首相が訪中した。七つの案件で総額四千七百億円の対中借款を約束した。鉄道、港湾、通信、電力発電などであった。この中曽根首相が取り決めた円借款は「第二次円借款」と呼ばれている。この件については、佐藤慎一郎の本の一部を紹介して私なりに追究した。

中曽根首相が去り、竹下登が総理になると、一九八八（昭和六十三）年八月、第三次円借款を中国に対して行った。期間は一九九〇年～九五年の六年間で、供与総額は八千百億円だった。この間に天安門事件が発生した。一九九四（平成元）年十二月には村山富市総理が訪中し、一兆円近い対中借款を決めた。

こうした事実を書きつらねると、読者はおそらく混乱してくるにちがいない。簡単に記すならば、田中角栄の第一回対中借款以来延々と増額に増額を重ね、ついには総計六兆円を超える闇の金が中国に流れていったのである。

この本の最後に書き残しておきたいことがある。田中角栄以来、対中国関係を仕切ってきたのは経世会の歴代の政治家たちであった。経世会が中国との関係を維持するなかで、対中国ロビーが生まれてきた。小泉首相は靖国神社を強行参拝した。この参拝に反対する田中真紀子外相を辞任させた。

ここで、青木直人監修、西尾幹二・佐藤優共著の『中国の黒いワナ』（二〇〇七年）から引用する。

なかでも象徴的だったのが、六兆円も支出してきた対中国ODA（政府開発援助）の縮小、廃止である。小泉に体系だった中国政策があったとは思わない。おそらく〝喧嘩屋・純一郎〟の直感頼みの判断だったはずだが、日本国民の間に蔓延《まんえん》してきた対中国不信を背景に、三〇年も続いてきたODAを、小泉前首相は潰したのである。国民はその〝英断〟に拍手喝采を送った。

私はここで、鳴霞《めいか》の『あなたのすぐ隣にいる中国のスパイ』（二〇一三年）から引用しようと思う。彼女は日本に帰化した中国人である。ODAについて次のように書いている。

日本人は、相手の言葉を善意に解釈することを良しとするところがあるが、こと中国と付き合う場合、言葉が持つ最悪の意味も常に考えておかなければならない。

例えば、一九七二年の国交回復以降、中国側は日本に対して「友好親善」という言葉を絶え間なく発し続けてきたが、この四〇年間、日本に友好を示す具体的な行動を一度でも示したことがあるか。強いて言えばパンダの貸与ぐらいだが、それとても年間一億円近い賃貸料をせしめている。一方、日本は六兆円に及ぶＯＤＡを提供し続けるだけでなく、遺棄化学兵器の処理という名目で、毎年一兆円も支払い続けている。遺棄化学兵器というが、敗戦時、日本軍は直ちに武装解除し、そのすべてをリストまで作ってソ連軍および中国軍（国民党軍および共産党軍）に引き渡している。こうしたことに日本国内で強硬な異論や反論が出ないのは、元中国人である筆者にはまったく理解できない。

私は彼女の説に賛成である。日本政府は、小泉純一郎が一時的に、中国へのＯＤＡをカットしたものの、いろんな〝いちゃもん〟をつけられ金を出し続けている。もう一つ、彼女の本から引用したい。少し長いが、とても興味溢れることが書かれている。

武警〔人民武装警察〕がその役割を大きくしたのは一九八九年六月の天安門事件以降である。中共は天安門前で騒乱を引き起こした学生たちに対し、正規軍による火器、装甲車両を投入して鎮圧したため国際的な非難を浴びた。そこで武警に非致死性兵器を中心とした（とはいえ装甲車や大砲を持っている）鎮圧能力や情報収集能力（つまりスパイ活動）を与え、強化した。現在年間二〇万件を超えるといわれている暴動やチベット、ウイグルでの弾圧の正面に立っているのは彼らである。

主な任務は、国境警備、入国管理、要人警護、重要施設警護となっているが、「テロリスト制圧部隊」もある。特筆すべきは、文民警察組織となっているため、海外から容易に最新装備の調達が可能で、各国警察との交流も盛んであるため、装備、訓練は欧米や日本からの影響を強く受けている。特に日本はＯＤＡを通じて公安部全体の近代化を援助し、武警に各種の監視カメラ、集音マイクなど先進的情報機器を提供するとともに、日本での研修などを通じて、機動隊のノウハウも伝授している。このことを中国の一般民衆、特に政府に不満を持っている人たちが知ったら、どう思うか、筆者はいたく懸念する。

日本人のほとんどすべての人々も右の文章を読んだら驚くであろう。私もそうだった。鳴霞はまた、新たな事実を私たちに教えてくれる。同書からの引用である。

いずれにしろ、一九七九年までの歴史教科書にも新聞雑誌にも、日本軍による「南京大虐殺」という話は存在しなかった。ところが、一九七九年の「全日制中学歴史教科書」に突然、日本軍による「南京大虐殺三〇万人」という話が登場する。

一体なぜなのか。一九七九年という時期は重要である。その前年の七八年に日中は「平和友好条約」を正式に締結し国交正常化、この年は大平首相（当時）が訪中し、巨額の経済援助（ＯＤＡ）を約束した。つまり、中共はＯＤＡ獲得のためのレバレッジとして「南京大虐殺」が有効だと判断し、情報操作を開始、世論誘導を始めたのである。

私は右の文章を読んで多くの謎が解けるのを感じた。あの鄧小平の有名な文句「最初に井戸を掘った人を忘れない」と、「南京大虐殺」はセットとなっていることを。中共政府は田中角栄という政治家にリベートを与えるかわりに、「南京大虐殺」を認めろと言いだしたのである。それは、大平首相の急死の後に、鈴木善幸が首相になったときに、はっきりとしてきた。一国の首相が断固とした態度を中共側に示せなかった。朝日新聞、日本共産党や社会党、日教組が「南京大虐殺」を煽り立てた。田中角栄は中共政府に反論を全くしていない。

読者はそろそろ知ったほうがいい。「角栄の井戸」と「南京大虐殺」はコインの裏と表の関係にあることを。

この項の最後に、鳴霞のもう一冊の著書『日本掠奪』（二〇一二年）から引用する。

今も日本は中国を援助しているが、あのような援助は百害あって一利なしである。北京空港は日本のODAでできたものだが、普通の中国人はそんなことを知らないし、ましてや感謝もしていない。新幹線の技術供与など感謝どころか自分たちが作ったと言い張っているくらいだ。今は、ODAが空母やミサイルの建造などに使われている。

中国共産党の要人たちは、日本からのODAが田中角栄へのリベートとして還流していた歴史を知り尽くしている。それだけではない。中国に利権を有する数多くの日本企業からのリベートが田中角栄の懐に納まったのも知っている。そして角栄亡き後も、歴代の首相や政治家の多くが甘い蜜に群がったのである。いくら日本の国民の血税が原資とはいえ、中国共産党が日本のODAに感謝するはずがないではないか。だからこそ、今でも中国は日本を侮り続けるのである。周近平主席のあの態度が、その証左である。

さて、この項はこれで終わりである。ODAは小泉首相の時代に、一応の終わりを見た。しかし、日本の政治家、政治学者、経済学者が媚中派となり、対中工作に自ら参加し、ODAに代わる新しいODAを創り出している。しかし、本書は、その一部だけを記すにとどめた。

水清き国・日本、濁流の国・中国

この物語はここで終わりとする。田中角栄以降の対中ODAの話は短くなった。多くのODA関係の本が出版されているので、その方面に興味のある方は是非読んでほしい。

この本の最後に、佐藤慎一郎の「自然観」を『佐藤慎一郎先生講演集』から引用し、結びとする。

この大自然、日本というのはね、雨降れば日本の川みんな濁っちまうんですよ。どの川もみんな濁流になる。二、三日すると、綺麗な川になってしまう。日本及び日本人をとりかこむ大自然というのは実に綺麗な大自然なんだ。この大自然の動きに勝てる人為というのはない。これはもう歴史が証明してる。この大自然の動きに勝てる人間の力っていうのはありません。日本人は今ね、ちっちゃい、財界、政界。新聞毎日読めない、汚くて。確かに悪い。〔中略〕だから僕はね、日本今確かに汚いけれどね、大自然に勝てるものはない。大自然にしたがうものは必ず栄える。大自然に逆らうものは必ず滅ぶ。で、日本はね、黙っておっても綺麗な水になれるような大自然に囲まれてる。日本は必ず良くなる。もう僕はいつコロッといくか分からんけど、なんか心が非常に明るくなった。大自然に勝てるものはありませんよ。日本のこの環境が綺麗なんだ。中国はね、私、中国に二十何年おってね、綺麗な水見たことありませんよ。井戸の水しかないです。揚子江だろうが黄河だろうが濁流ですよ。山行こうがどこ行こうが、綺麗な水見たことない。……

死を目前にした佐藤慎一郎の数多くの講演から、右の文章を引用した。一部、意味不明なところがある。しかし、この文章の中に、日本と中国のあらゆる〝差異〟が見えてくると私は思う。

私もたびたび中国を旅した。雲南地方のごく近くまで行った。佐藤慎一郎の指摘するとおり、濁流だらけであった。

日本人は、この美しい大自然を意識しつつ、中国と対峙していかなければならない。中国への幻想を捨てる時が来ている。ＯＤＡ、それに類似する、いかなる援助も打ち切るべき時が来ているのである。さもなければ、中国の属国となる日が近い。

〔了〕

引用文献一覧

◉佐藤慎一郎先生三回忌記念『日中提携してアジアを興す』第二集「我が生涯は水の如くに」志学会発行／二〇〇一年◉『佐藤慎一郎選集』佐藤慎一郎選集刊行会／一九九五年◉北川省一『角さんや帰っておいで越後へ』恒文社／一九九〇年◉稲山嘉寛『私の鉄鋼昭和史』東洋経済新報社／一九八六年◉青木直人・古森義久『終わらない対中援助』PHP研究所／二〇〇九年◉『別冊正論』産経新聞社／二〇一二年九月号◉『佐藤慎一郎先生講演集』私家版／一九九九年◉ズビグネフ・ブレジンスキー／大朏人一訳『ひよわな花・日本』サイマル出版会／一九七二年◉満洲と日本人編集委員会編『季刊　満洲と日本人』第十号／大湊書房／一九八四年◉朝日新聞「検証・昭和報道」取材班『新聞と「昭和」（下）』朝日新聞出版／二〇一三年◉倉前盛通『新・悪の論理』日本工業新聞社／一九八〇年◉服部龍二『日中国交正常化』中央公論新社／二〇一一年◉J・K・フェアバンク／平野健一郎・蒲地典子訳『中国回想録』みすず書房／一九九四年◉満洲と日本人編集委員会編『季刊　満洲と日本人』第七号／大湊書房／一九七九年◉増山榮太郎『角栄伝説』出窓社／二〇〇五年◉佐藤慎一郎『毛沢東「万歳！」と「万砕！」』大湊書房／一九七九年◉早坂茂三『政治家田中角栄』中央公論社／一九八七年◉伊藤昌哉『自民党戦国史』朝日ソノラマ／一九八二年◉平松茂雄『中国は日本を併合する』講談社インターナショナル／二〇〇六年◉青木直人『田中角栄と毛沢東』講談社／二〇〇二年◉馬弓良彦『戦場の田中角栄』毎日ワンズ／二〇一一年◉宮城音弥・小田晋・宮川隆義・岡野加穂留・加藤英明・B・クリッシャー・A・ホルバート『田中角栄と日本人』山手書房／一九八二年◉岩見隆夫『角さんの鼻歌が聞こえる　PART3』潮出版社／一九八二年◉竹下登『政治とは何か　竹下登回顧録』講談社／二〇〇一年◉森省歩『田中角栄に消えた闇ガネ』講談社／二〇一三年◉佐藤昭子『私の田中角栄日記』新潮社／一九九四年◉辻和子『熱情　田中角栄をとりこにした芸者』講談社／二〇〇四年◉今井久夫『角栄上等兵とヒトラー伍長』コンパニオン出版／一九八二年◉エズラ・F・ヴォーゲル／増尾知佐子・杉本孝訳『現代中国の父　鄧小平』日本経済新聞出版社／二〇一三年◉戸川猪佐武『田中角栄と政権抗争』講談社／一九八二年◉青木直人『中国ODA6兆円の闇』祥伝社／二〇〇〇年◉砂辺功『田中角栄復権待望論』青年書館／一九八一年◉田中角栄「田中角栄私論」『日経ビジネス』一九八一年七月二十七日号／日経BP社◉北門政士『田中角栄頭脳軍団』山手書房／一九八二年◉立花隆『田中角栄新金脈研究』朝日新聞社／一九八五年◉大下英治『闇将軍・田中角栄の「天国と地獄」』講談社／二〇〇一年◉新潟日報報道部『宰相田中角栄の真実』講談社／一九九四年◉新潟日報社編『ザ・越山会』新潟日報事業社／一九八三年◉大下英治『鉄の田中軍団・宿命の「暗闘と掟」』講談社／二〇〇一年◉大下英治『父と娘　角栄・真紀子の三十年戦争』講談社／二〇〇二年◉仲俊二郎『この国は俺が守る　田中角栄アメリカに屈せず』栄光出版社／二〇一一年◉野田峯雄・小山唯史『「疑惑の相続人」田中真紀子新金脈の研究』光文社／一九九五年◉大下英治『小沢一郎と田中角栄』角川マガジンズ／二〇一二年◉上杉隆『田中真紀子の正体』草思社／二〇〇二年◉青木直人監修／西尾幹二・佐藤優『中国の黒いワナ』宝島社／二〇〇七年◉鳴霞『あなたのすぐ隣にいる中国のスパイ』飛鳥新社／二〇一三年◉鳴霞『日本掠奪』星雲社／二〇一二年

あとがきに代えて

この本の原稿を書き終えた後に急に身体の具合が悪くなり、私は、読むことも書くことも出来なくなった。申し訳ないが、こうして話すことで、本書に込めた私の思いをお伝えしたい。

田中角栄が中国共産党から三百億円ものリベートを受け取ったことで、この日本を暗黒国家に堕させた、私はそう考えている。「政治と金は切っても切れない関係だ」と至極当然のように語られる昨今になってしまったが、かつての政治家は、ただ私腹を肥やすために生きているわけではなかった。誰もが金集めに狂奔する世は、間違いなく田中角栄が生んだものだ。そしてその業病は日本人全体に感染し、私益至上主義の世が到来した。

中共は今も日本の政治家を、そして日本人を侮っている。それは彼らが日本の秘密を知り尽くしているからだ。

だが、この本で紹介した、佐藤慎一郎のような誠実な学者も日本には存在した。彼は最後まで日本政府から一銭の金も貰わなかった。大学から得た報酬は、そのほとんどを中国から逃げてきた人々の面倒をみることに費やした。だから多くの中国人が彼を慕い、貴重な機密情報を彼にもたらした。その情報をもとにした分析を、彼は歴代の総理大臣や政府機関の要所に三十二年と三カ月もの長きにわたって提供し続け、少しでも日中両国の関係改善の助けになればと考えたが、残念ながら、田中角栄にはその願いは伝わらなかった。

この本を読んでいただいた方は、どうか、佐藤慎一郎の生き方に思いを馳せてほしい。彼は粗末な引揚者寮に家族で住まいした。長男は狭い三畳間で、病気で死んでいったと聞く。食べるものを切り詰め、出来た金は中国人への支援に充てた。政府の高級官吏が料亭に招いても豪華な膳には食欲をしめさず、「オレはラーメンの二、三杯も喰わせてくれた方がいい」と憤った。徹頭徹尾、清貧を絵に描いたような生きざまであった。

私は自分の人生の最後で、佐藤慎一郎という素晴らしい男に出会えた。彼の人生の一端を描けて幸せだった。

鬼塚英昭

二〇一六年一月十六日、大分県別府市内の病院にて口述鬼塚英昭氏は本書の原稿を二〇一五年十二月十日に脱稿後の十二月二十一日、体調の不調を自覚して緊急入院。検査の結果、胃を原発部位とする末期癌が発見されました。明けて二〇一六年一月二十五日、薬石効なく、大分県別府市内の病院にて永眠なさいました。享年七十八。生前の筆業を偲び、謹んでご冥福をお祈り申し上げます。

◉著者について
鬼塚英昭（おにづか ひであき）
1938年、大分県別府市生まれ。別府鶴見丘高校卒業後、上京。中央大学法学部で学びながら数多くの職に就く。学費未納で中退後、故郷・別府にて家業の竹細工職人となる。傍ら、国内外の膨大な史資料を渉猟・読破、関係者にも精力的に取材を重ね、郷土史家として私家版の歴史書を上梓。その後、タブーを恐れぬ問題作を次々に公刊、昭和天皇の隠し財産を暴いた『天皇のロザリオ』、終戦史の暗部に斬り込んだ『日本のいちばん醜い日』などで多くの先鋭的な読者を獲得、インターネット上の論戦を巻き起こした。その陰には超人的な読書量があり、郷土・別府での焼酎と珈琲をこよなく愛する毎日があった。2016年1月25日急逝。

田中角栄《たなかかくえい》こそが対中売国者《たいちゅうばいこくしゃ》である

〈佐藤慎一郎《さとうしんいちろう》・総理《そうり》秘密報告書《ひみつほうこくしょ》〉を読《よ》み解《と》く

◉著者
鬼塚英昭《おにづかひであき》

◉発行日
初版第1刷　2016年3月15日

◉発行者
田中亮介

◉発行所
株式会社 成甲書房

郵便番号101-0051
東京都千代田区神田神保町1-42
振替00160-9-85784
電話 03(3295)1687
E-MAIL　mail@seikoshobo.co.jp
URL　http://www.seikoshobo.co.jp

◉印刷・製本
株式会社 シナノ

Printed in Japan, 2016
ISBN978-4-88086-337-5

◉2003◉

石井一郎の生涯（自費出版）

豊の国の竹の文化史（自費出版）

◉2006◉

天皇のロザリオ

［上］日本キリスト教国化の策謀

［下］皇室に封印された聖書

◉2007◉

日本のいちばん醜い日

金《きん》の値段の裏のウラ

◉2008◉

原爆の秘密

［国外篇］殺人兵器と狂気の錬金術

［国内篇］昭和天皇は知っていた

八百長恐慌！

◉2009◉

トヨタが消える日

ロスチャイルドと共産中国が2012年、
世界マネー覇権を共有する

◉2010◉

20世紀のファウスト

［上］黒い貴族がつくる欺瞞の歴史

［下］美しい戦争に飢えた世界権力

金は暴落する！2011年の衝撃

◉

［鬼塚英昭氏の著作一覧］

◉2011◉

黒い絆《きずな》 ロスチャイルドと原発マフィア

世界最終恐慌への3000年史

◉2012◉

瀬島龍三と宅見勝「てんのうはん」の守《まも》り人《びと》

八百長クライシス

◉2013◉

日本の本当の黒幕

［上］龍馬暗殺と明治維新の闇
［下］帝国の秘密とテロルの嵐

白洲次郎の嘘

◉2014◉

海の門 別府劇場哀愁篇

安倍首相も朴大統領も知らない「反日」の秘密

天皇種族・池田勇人

◉2015◉

理研の闇

［上］科学者の楽園と大日本帝国
［下］和製原爆もSTAP細胞も幻だった

◉2016◉

田中角栄こそが対中売国者である

◉